LA SECONDE SURPRISE

DE

L'AMOUR,

COMEDIE,

Reprefentée par les Comediens François,
au mois de Decembre 1727.

Par Monfieur DE MARIVAUX.

A PARIS,

Chez PIERRE PRAULT, Quay de
Gefvres, au Paradis.

M. DCC. XXVIII.
Avec Aprobation & Privilége du Roi.

A

SON ALTESSE

SERENISSIME

MADAME LA DUCHESSE

DU MAINE.

ADAME,

*Je ne m'attendois pas que
mes Ouvrages deussent jamais*

a iij

EPITRE.

me procurer l'honneur infini d'en dédier un à VOTRE ALTESSE SERENISSIME. *Rien de tout ce que j'étois capable de faire, ne m'auroit paru digne de cette fortune-là. Quelle proportion, aurois-je dit, de mes foibles talens & de ceux qu'il faudroit pour amuſer la délicateſſe d'eſprit de cette Princeſſe! Je penſe encore de méme ; & cependant aujourd'hui, vous me permettez de vous faire un hommage de la Surpriſe de l'Amour. On a méme vû* VÒTRE ALTESSE SERENISSIME *s'y plaire, & en aplaudir les Repreſentations. Je ne ſçaurois me refuſer de le dire aux Lecteurs, & je puis effectivement en tirer va-*

EPITRE.

nité ; mais elle doit être modeste,
& voici pourquoi : Les Esprits
aussi superieurs que le vôtre,
MADAME, n'exigent pas
dans un Ouvrage toute l'excel-
lence qu'ils y pourroient sou-
haiter, plus indulgens que les
demis Esprits, ce n'est pas au
poids de tout leur goût qu'ils le
pesent pour l'estimer : Ils compo-
sent, pour ainsi dire, avec un Auteur ; ils observent avec finesse
ce qu'il est capable de faire, eu
égard à ses forces ; & s'il le fait,
ils sont contens, parce qu'il a été
aussi loin qu'il pouvoit aller ; &
voilà positivement le cas où se
trouve la surprise de l'Amour.
MADAME, VOTRE
ALTESSE SERENISSIME

EPITRE

jugé qu'Elle avoit à peu-près
le degré de bonté que je pouvois
lui donner, & cela vous a
suffi pour aprouver, car autrement, comment m'auriez-
vous fait grace; ne sait-t-on pas
dans le monde toute l'étenduë de
vos lumieres : Combien d'habiles
Auteurs ne doivent-ils pas la
beauté de leurs Ouvrages à la
sûreté de votre Critique ! la
finesse de votre goût n'a pas
moins servi les Lettres, que
votre Protection a encouragé
ceux qui les ont cultivées ; &
ce que je dis là, MADAME,
ce n'est ni l'auguste Naissance
de VOTRE ALTESSE
SERENISSIME, ni le rang
qu'Elle tient qui me le dicte,

EPITRE.

c'eſt le Public qui me l'aprend, & le Public ne ſurfait point. Pour moi il ne me reſte là-deſſus qu'une reflexion à faire ; c'eſt qu'il eſt bien doux, quand on dédie un Livre à une Princeſſe, & qu'on aime la vérité, de trouver en Elle autant de qualités réelles, que la flaterie oſeroit en feindre. Je ſuis avec un très-profond reſpect,

MADAME.

DE VOTRE ALTESSE SERENISSIME,

Le très-humble & très obéïſſant
Serviteur, DE MARIVAUX.

APPROBATION.

J'AY lû par ordre de Monseigneur le Garde des Sceaux, une Comedie, qui a pour titre, *la Seconde Surprise de l'Amour*; & j'ai crû que l'Impression en seroit agréable au Public. FAIT à Paris ce 20 Fevrier 1718.

DANCHET.

PRIVILEGE DU ROY.

LOUIS, par la grace de Dieu, Roy de France & de Navarre : A nos amés & féaux Conseillers, les Gens tenans nos Cours de Parlement, Maîtres des Requêtes ordinaires de notre Hostel, Grand Conseil, Prevost de Paris, Baillifs, Sénéchaux, leurs Lieutenans Civils, & autres nos Justiciers qu'il appartiendra, SALUT. Notre bien amé PIERRE PRAULT, Libraire & Imprimeur à Paris, Nous ayant fait remontrer qu'il lui auroit été mis en main un Livre qui a pour titre LE SPECTATEUR FRANÇOIS par le Sieur de Marivaux, qu'il souhaiteroit imprimer ou faire imprimer & donner au Public, s'il Nous plaisoit lui accorder nos Lettres de Privilege sur ce necessaires, offrant pour cet effet de l'imprimer ou faire imprimer en bon Papier & beaux Caracteres, suivant la Feüille imprimée & attachée pour modele sous le Contrecel des Presentes. A CES CAUSES, voulant traiter favorablement ledit Exposant, Nous lui avons permis & permettons par ces Prefentes, d'imprimer ou faire imprimer ledit Livre ci-deſſus ſpecifié en un ou pluſieurs volumes, conjointement ou ſeparément, & autant de fois que bon lui ſemblera, ſur papier & caracteres conformes à ladite Feüille imprimée & attachée pour modele ſous notredit Contre-ſcel, & de le vendre, faire vendre & débiter par-tout notre Royaume, pendant le tems de *huit* années conſecutives, à compter du jour de la datte deſdites Preſentes. Faiſons défenſes à toutes ſortes de perſonnes de quelque qualité & conditions qu'elles ſoient, d'en introduire d'impreſſion étrangere dans aucun lieu de notre obéïſſance ; comme auſſi à tous Libraires, Imprimeurs & autres, d'imprimer, faire imprimer, vendre, faire vendre, debiter ni contrefaire ledit Livre en tout ni en partie, ni d'en faire aucuns Extraits, ſous quelque prétexte que ce ſoit, d'augmentation, correction, changement de Titre ou autrement, ſans la permiſſion expreſſe & par écrit dudit Expoſant, ou de ceux qui auront droit de lui ; à peine de confiſcation des Exemplaires contrefaits, de quinze cens livres d'amende contre chacun des contrevenans, dont un tiers à Nous, un tiers à l'Hoſtel-Dieu de Paris, & l'autre tiers audit Expoſant, & de tous dépens, dommages & intereſts : à la charge que ces Preſentes ſeront enregiſtrées tout au long ſur le Regiſtre de la Communauté des Libraires & Imprimeurs de Paris, dans trois mois de la datte d'icelles ; Que l'impreſſion de ce Livre ſera faite dans notre Royaume & non ailleurs, & que l'Impetrant ſe conformera en tout aux Reglemens de la Librairie, & notament à celui du dixiéme Avril 1725. & qu'avant que de l'expoſer en vente, le Manuſcrit ou Imprimé qui aura ſervi de copie à l'impreſſion dudit Livre, ſera mis dans le même état où l'Approbation y aura été donnée, ès mains de notre très cher & féal Chevalier Garde des Sceaux de France, le Sieur CHAUVELIN ; Et qu'il en sera ensuite remis deux Exemplaires dans notre Bibliotheque Publique, un dans celle de notre Château du Louvre, & un dans celle de notredit très-cher & féal Chevalier Garde des Sceaux de France, le Sieur CHAUVELIN, le tout à peine de nullité des Presentes ; Du contenu desquelles vous mandons & enjoignons de faire joüir l'Exposant ou ses ayans cause pleinement & paisiblement, sans souffrir qu'il leur soit fait aucun trouble on empéchement. Voulons que la copie desdites Presentes, qui sera imprimée tout au long au commencement ou à la fin dudit Livre soit renuë pour düëment signifiée, & qu'aux Copies collationnées par l'un de nos amés & feaux Conseillers-Secretaires, foi soit ajoûtée comme à l'Original. Commandons au premier notre Huissier ou Sergent, de faire pour l'execution d'icelles, tous Actes requis & necessaires, sans demander autre permission, nonobstant clameur de Haro, Charte Normande, & Lettres à ce contraires : CAR tel est notre plaisir. DONNE' à Paris le vingt-sixiéme jour du mois de Decembre, l'an de grace mil sept cens vingt-sept, & de notre Regne le treiziéme. Par le Roy en son Conseil. *Signé*, RIBALLIER.

Regiſtré ſur le Regiſtre VII. de la Chambre Royale des Libraires & Imprimeurs de Paris, N° 49. F° 45. conformément aux anciens Reglemens, confirmés par celui du 28. Fevrier 1723. A Paris le neuf Janvier mil sept cens vingt-huit.

Signé, BRUNET, Syndc.

LA SECONDE
SURPRISE
DE
L'AMOUR,
COMEDIE.

ACTEURS.

LA MARQUISE, Veuve.

LE CHEVALIER.

LE COMTE.

LISETTE, fuivante de la Marquife.

LUBIN, Valet du Chevalier.

M. HORTENSIUS, Pedant.

Fautes effentielles.

Page 12. ligne 20. quelque tems, *lifez*
quelques jours.
Page 32. lig. 3 cet amitié, *lifez*, cette amitié.
Page 71. lig. 23. l'Amant, *lifez* la main.

LA SECONDE SURPRISE DE L'AMOUR,

COMEDIE.

ACTE PREMIER.

SCENE PREMIERE.
LA MARQUISE, LISETTE

La Marquise entre tristement sur la Scene.
Lisette la suit sans qu'elle le sçache.

LA MARQUISE *s'arrêtant*
& soupirant.

AH!

LISETTE *derrière elle.*
Ah!

LA MARQUISE.
Qu'est-ce que j'entends-là? Ha,
c'est vous?

LISETTE.

Oüi, Madame.

LA MARQUISE.

De quoi soupirez-vous?

LISETTE.

Moi? de rien ; vous soupirez, je
prends cela pour une parole , & je
vous répond de même.

LA MARQUISE.

Fort bien ; mais qui est-ce qui vous
a dit de me suivre?

LISETTE.

Qui me l'a dit , Madame ? vous
m'appellez, je viens ; vous marchez,
je vous suis ; j'attends le reste.

LA MARQUISE.

Je vous ai appellée, moi?

LISETTE.

Oüi, Madame.

LA MARQUISE.

Allez, vous rêvez, retournez vous-
en ; je n'ai pas besoin de vous.

LISETTE.

Retournez vous-en ; les personnes affligées ne doivent point rester seûles, Madame.

LA MARQUISE.

Ce sont mes affaires ; laissez-moi.

LISETTE.

Cela ne fait qu'augmenter leur tristesse.

LA MARQUISE.

Ma tristesse me plaît.

LISETTE.

Et c'est à ceux qui vous aiment à vous secourir dans cet état-là ; je ne veux pas vous laisser mourir de chagrin.

LA MARQUISE.

Ah ! voyons donc où cela ira.

LISETTE.

Pardi il faut bien se servir de sa raison dans la vie, & ne pas quereller les gens qui sont attachés à nous.

LA MARQUISE.

Il est vrai que votre zele est fort bien entendu ; pour m'empêcher d'être triste , il me met en colere.

LISETTE.

Et bien cela distrait toûjours un peu: il vaux mieux quereller que soupirer.

LA MARQUISE.

Eh ! laissez-moi , je dois soupirer toute ma vie.

LISETTE.

Vous devez, dites-vous ? Oh , vous ne payerez jamais cette dette-là; vous êtes trop jeune , elle ne sçauroit être sérieuse.

LA MARQUISE.

Eh ! ce que je dis-là n'est que trop vrai ; il n'y a plus de consolation pour moi, il n'y en a plus ; après deux ans de l'amour le plus tendre , épouser ce que l'on aime , ce qu'il y avoit de plus aimable au monde , l'épouser & le perdre un mois après.

LISETTE.

Un mois ! C'est toujours autant de

pris. Je connois une Dame, qui n'a gardé son mari que deux jours ; c'est cela qui est piquant.

LA MARQUISE.

J'ai tout perdu, vous dis-je.

LISETTE.

Tout perdu ! vous me faites trembler : Est-ce que tous les hommes sont morts ?

LA MARQUISE.

Eh ! que m'importe qu'il reste des hommes ?

LISETTE.

Ah ! Madame, que dites-vous-là ? que le Ciel les conserve, ne méprisons jamais nos ressources

LA MARQUISE.

Mes ressources ! à moi, qui ne veux plus m'occuper que de ma douleur, moi qui ne vis presque plus que par un effort de raison.

LISETTE.

Comment donc par un effort de raison ? voilà une pensée qui n'est pas

de ce monde ; mais vous êtes bien
fraîche , pour une perfone qui se fa-
tigue tant.

LA MARQUISE.

Je vous prie, Lisette , point de plai-
santerie , vous me divertissez quelquefois, mais je ne suis pas à présent
en situation de vous écouter.

LISETTE,

Ah ça , Madame , serieusement , je
vous trouve le meilleur visage du
monde ; voyez ce que c'est : quand
vous aimiez la vie, peut être que vous
n'étiez pas si belle ; la peine de vivre
vous donne un air plus vif & plus mu-
tin dans les yeux , & je vous conseille
de batailler toûjours contre la vie, cela vous réüssit on ne peut pas mieux.

LA·MARQUISE.

Que vous êtes folle , je n'ai pas fer-
mé l'œil de la nuit.

LISETTE.

N'auriez-vous pas dormi en rêvant
que vous ne dormiez point ? car vous
avez le teint bien reposé, mais vous
êtes un peu trop négligée , & je suis

d'avis de vous arranger un peu la tête:
Labrie, qu'on apporte ici la Toilette
de Madame.

LA MARQUISE.

Qu'eſt-ce que tu vas faire ? je n'en
veux point.

LISETTE.

Vous n'en voulez point, vous re-
fuſez le Miroir, un Miroir, Madame;
ſçavez-vous bien que vous me faites
peur; cela ſeroit ſérieux pour le coup,
& nous allons voir cela : Il ne ſera pas
dit, que vous ſerez charmante impu-
nément, il faut que vous le voyiez, &
que cela vous conſole, & qu'il vous
plaiſe de vivre.

On apporte la Toilette.
Elle prend un ſiége.

Allons, Madame, mettez-vous-là
que je vous ajuſte : tenez, le Sçavant
que vous avez pris chez vous, ne vous
lira point de Livre ſi conſolant que
ce que vous allez voir.

LA MARQUISE.

Oh tu m'ennuye: qu'ai-je beſoin
d'être mieux que je ne ſuis ? Je ne
veux voir perſonne.

LISETTE.

De grace, un petit coup-d'œil fur la Glace, un feul petit coup-d'œil, quand vous ne le donneriez que de côté, tatez-en feulement.

LA MARQUISE.

Si tu voulois bien me laiffer en repos.

LISETTE.

Quoi votre amour propre ne dit plus mot, & vous n'êtes pas à l'extremité, cela n'eft pas naturel, & vous trichez ; faut-il vous parler franchement, je vous difois que vous étiez plus belle qu'à l'ordinaire, mais la verité eft que vous êtes très changée, & je voulois vous attendrir un peu pour un vifage que vous abandonnez bien durement.

LA MARQUIS.E.

Il eft vrai que je fuis dans un terrible état.

LISETTE.

Il n'y a donc qu'à emporter la Toilette? Labrie remettez cela où vous l'avez pris.

LA MARQUISE.

Je ne me pique plus, ni d'agré-
mens, ni de beauté.

LISETTE.

Madame , la toilette s'en va , je
vous en avertis.

LA MARQUISE.

Mais, Lisette , je suis donc bien
épouvantable ?

LISETTE.

Extrêmement changée.

LA MARQUISE.

Voyons donc , car il faut bien que
je me débaraffe de toi.

LISETTE.

Ah ! je respire, vous voilà sauvée :
allons, courage , Madame.
                    On rapporte le Miroir.

LA MARQUISE.

Donne le miroir, tu as raison , je
suis bien abatuë.

LISETTE *lui donnant le Miroir.*
Ne seroit-ce pas un meurtre que

de laisser dépérir ce teint là, qui n'est
que Lys & que Rose, quand on en a
soin ? rangez-moi ces cheveux-qui
sont épars, & qui vous cachent les
yeux : ah ! les fripons, comme ils ont
encore l'œillade assassine ; ils m'au-
roient déja brûlé, si j'étois de leur
compétence ; ils ne demandent qu'à
faire du mal.

LA MARQUISE *rendant le Miroir.*

Tu rêve ; on ne peut pas les avoir
plus batus.

LISETTE.

Oüi, batus, Ce sont de bons hi-
pocrites ; que l'ennemi vienne, il ve-
ra beau jeu, mais voici, je pense, un
Domestique de Monsieur le Chevalier. C'est ce Valet de campagne si
naïf, qui vous a tant diverti il y a quelques jours.

LA MARQUISE.

Que me veut son Maître ? je ne voi
personne.

LISETTE.

Il faut bien l'écouter.

SCENE II.

LUBIN, LA MARQUISE, LISETTE.

LUBIN.

Madame , pardonnez l'embarras.....

LISETTE.

Abrege , abrege , il t'appartient bien d'embarasser Madame.

LUBIN.

Il vous appartient bien de m'interrompre ma mie : Est-ce qu'il ne m'est pas libre d'être honnête ?

LA MARQUISE.

Finis, de quoi s'agit-il ?

LUBIN.

Il s'agit, Madame, que Monsieur le Chevalier m'a dit... ce que votre femme de chambre m'a fait oublier.

LISETTE.

Quel original !

LUBIN.

Cela est vrai ; mais quand la colere me prend , ordinairement la mémoire me quitte.

LA MARQUISE.

Retourne donc sçavoir ce que tu me veux.

LUBIN.

Oh ! ce n'est pas la peine , Madame, & je m'en ressouviens à cette heure, c'est que nous arrivâmes hier tous deux à Paris , Monsieur le Chevalier, & moi , & que nous en partons demain pour n'y revenir jamais ; ce qui fait que Monsieur le Chevalier vous mande , que vous ayez à trouver bon qu'il ne vous voye point cette après-dîné , & qu'il ne vous assure point de ses respects , sinon ce matin , si cela ne vous déplaisoit pas , pour vous dire adieu , à cause de l'incommodité de ses embarras.

LISETTE.

Tout ce galimatias là signifie que, Monsieur le Chevalier souhaiteroit vous voir à présent.

LA MARQUISE.

Sçais-tu ce qu'il a à me dire ? Car je fuis dans l'affliction.

LUBIN *d'un ton trifte, & à la fin pleu-*
rant

Il a à vous dire que vous ayez la bonté de l'entretenir un quart d'heure ; pour ce qui eft d'affliction ne vous embarraffez pas, Madame, il ne nuira pas à la vôtre, au contraire, car il eft encore plus trifte que vous, & moi auffi ; nous faifons compaffion à tout le monde

LISETTE.

Mais en effet, je crois qu'il pleure.

LUBIN.

Oh ! vous ne voyez rien, je pleure bien autrement quand je fuis feul ; mais je me retiens par honnêteté.

LISETTE.

Tais-toi.

LA MARQUISE.

Dis à ton Maître qu'il peut venir, & que je l'attend, & vous Lifette, quand Monfieur Hortenfius fera revenu, qu'il vienne sur le champ me montrer les Livres qu'il a dû m'acheter.

Elle soupire en s'en allant.

Ah!

SCENE. III.

LISETTE, LUBIN.

LISETTE.

L A voilà qui soupire, & c'est toi qui en est cause, butord que tu es; nous avons bien affaire de tes pleurs.

LUBIN.

Ceux qui n'en veulent pas n'ont qu'à les laisser; ils ont fait plaisir à Madame, & Monsieur le Chevalier l'accommodera bien autrement, Car il soupire encore bien mieux que moi.

LISETTE.

Qu'il s'en garde bien : dis-lui de cacher sa douleur, je ne t'arrête que pour cela; ma Maîtresse n'en a déja que trop, & je veux tâcher de l'en guérir : entens-tu?

LUBIN.

LUBIN.

Pardi tu cris affez haut.

LISETTE.

Tu es bien brufque, Eh de quoi pleurez vous donc tous deux, peut-on le fçavoir?

LUBIN.

Ma foi de rien : moi, je pleure parce que je le veux bien, car fi je voulois je ferois gaillard.

LISETTE.

Le plaifant garçon.

LUBIN.

Oüi mon Maître foupire parce qu'il a perdu une Maîtreffe ; & comme je fuis le meilleur cœur du monde, moi, je me fuis mis à faire comme lui pour l'amufer, de forte que je vais toujours pleurant fans être fâché, feulement par compliment.

LISETTE *Rit.*

Ah, ah, ah, ah,

LUBIN *en riant.*

Eh, eh, eh, tu en ris, j'en ris quel-

B

que fois de même, mais rarement, car cela me dérange, j'ai pourtant perdu auſſi une Maîtreſſe, moi, mais comme je ne la verrai plus, je l'aime toujours ſans en être plus triſte. (*Il rit.*) Eh, eh, eh,

LISETTE.

Il me divertit, adieu, fais ta com-miſſion & ne manque pas d'avertir Monſieur le Chevalier de ce que je t'ai dit.

LUBIN *riant.*

Adieu, adieu.

LISETTE.

Comment donc, tu me lorgnes, je penſe?

LUBIN.

Oüi da, je te lorgne.

LISETTE.

Tu ne pourras plus te remettre à pleurer.

LUBIN.

Gageons que ſi,.... veux-tu voir?

LISETTE.

Va t'en; ton Maître t'atendra.

LUBIN.

Je ne l'en empêche pas.

LISETTE.

Je n'ai que faire d'un homme qui part demain : retire toi.

LUBIN.

A propos, tu as raison, & ce n'eſt pas la peine d'en dire davantage : adieu donc la fille.

LISETTE.

Bon jour l'Ami.

SCENE IV.

LISETTE *ſeule.*

CE bouffon là eſt amuſant ; mais voici Monſieur Hortenſius auſſi chargé de Livre qu'une Bibliotheque ; que cet homme là m'ennuye avec ſa Doctrine ignorante ; quelle fantaiſie a Madame, d'avoir pris ce perſonnage là chez elle pour la conduire dans ſes lectures, & amuſer ſa douleur ; que les femmes du monde ont de travers.

SCENE V.

HORTENSIUS, LISETTE.

LISETTE.

MOnfieur Hortenfius, Madame m'a chargé de vous dire que vous alliez lui montrer les Livres que vous avez achetés pour elle.

HORTENSIUS.

Je ferai ponctuel à obéïr, Mademoifelle Lifette, & Madame la Marquife ne pouvoit charger de fes ordres, perfonne qui me les rendît plus dignes de ma prompte obéïffance.

LISETTE.

Ah! le joli tour de Phrafe : Comment, vous me faluez de la periode la plus galante qui fe puiffe, & l'on fent bien qu'elle part d'un homme qui fçait fa Rethorique.

HORTENSIUS.

La Rethorique que je fçai là deffus, Mademoifelle, ce font vos beaux yeux qui me l'ont apprife.

LISETTE.

Mais ce que vous me dites là est merveilleux, je ne sçavois pas que mes beaux yeux enseignassent la Rethorique.

HORTENSIUS.

Ils ont mis mon cœur en état de soutenir thèse, Mademoiselle, & pour essai de ma science, je vais, si vous l'avez pour agréable, vous donner un petit argument en forme.

LISETTE.

Un argument à moi! je ne sçai ce que c'est, je ne veux point tâter de cela : adieu.

HORTENSIUS.

Arrêtez, voyez mon petit Sillogisme ; je vous assure qu'il est concluant.

LISETTE.

Un Sillogisme, eh! que voulez-vous que je fasse de cela ?

HORTENSIUS.

Ecoutez, on doit son cœur à ceux

qui vous donne le leur ; je vous donne le mien : *ergo*, vous me devez le
vôtre.

LISETTE.

Eſt-ce là tout ? oh je ſcai la Rethorique auſſi moi ! tenez, on ne doit ſon
cœur qu'à ceux qui le prennent ; aſſurément vous ne prenez pas le mien :
ergo, vous ne l'aurez pas : bonjour.

HORTENSIUS *l'arrêtant.*

La raiſon répond....

LISETTE.

Oh ! pour la raiſon je ne m'en mêle
point, les filles de mon âge n'ont
point de commerce avec elle. Adieu,
Monſieur Hortenſius, que le Ciel
vous beniſſe, vous, votre thèſe, &
votre ſillogiſme.

HORTENSIUS

J'avois pourtant fait de petits Vers
Latins ſur vos beautés.

LISETTE.

Eh mais, Monſieur Hortenſius,
mes beautés n'entendent que le François.

HORTENSIUS.

On peut vous les traduire.

LISETTE.

Achevez donc, car j'ai hâte.

HORTENSIUS.

Je croi les avoir ferrés dans un Livre.

Pendant qu'il cherche, Lisette voit venir la Marquise, & dit :

LISETTE.

Voilà Madame, laissons-le chercher son papier. (*Elle sort.*)

HORTENSIUS *continuë en feuilletant.*

Je vous y donne le nom d'Heleine, de la maniere du monde la plus Poëtique, & j'ai pris la liberté de m'appeller le Paris de l'Aventure : les voilà, cela est galant.

SCENE VI.
LA MARQUISE, HORTENSIUS.

LA MARQUISE.

QUe voulez-vous donc dire avec cette avanture, où vous vous appellez Paris, à qui parliez-vous ? voyons ce papier.

HORTENSIUS.

Madame, c'eft un traitde l'Hiftoire des Grecs, dont Mademoifelle Lifette me demandoit l'explication.

LA MARQUISE.

Elle eft bien curieufe, & vous bien complaifant : où font les Livres que vous m'avez achetés, Monfieur ?

HORTENSIUS.

Je les tiens, Madame, tous bien conditionnés, & d'un prix fort raifonnable ; fouhaitez-vous les voir ?

LA MARQUISE.

Montrez.   (*Un Laquais vient.*)
Voici Monfieur le Chevalier, Madame.   LA

LA MARQUISE.

Faites entrer. (*Et à Ortensius.*)
Portez-les chez-moi, nous les ver-
rons tantôt.

SCENE VII.

LA MARQUISE,
LE CHEVALIER.

JE vous demande pardon, Madame, d'une visite, sans doute impor-
tune, surtout dans la situation où je
sçai que vous êtes.

LA MARQUISE.

Ah! votre visite ne m'est point im-
portune, je la reçois avec plaisir :
puis-je vous rendre quelque service :
dequoi s'agit-il? vous me paroissez
bien triste?

LE CHEVALIER.

Vous voyez, Madame, un homme
au désespoir, & qui va se confiner
dans le fond de sa Province, pour y
finir une vie qui lui est à charge.

LA MARQUISE.

Que me dites-vous là ! vous

C

m'inquietez, que vous eft-il donc arrivé?

LE CHEVALIER.

Le plus grand de tous les malheurs,
le plus fenfible, le plus irréparable ;
j'ai perdu Angelique , & je la perds
pour jamais.

LA MARQUISE.

Comment donc! eft-ce qu'elle eft
morte?

LE CHEVALIER.

C'eft la même chofe pour moi :
vous fçavez où elle s'étoit retirée depuis huit mois pour fe fouftraire au
Mariage où fon Pere vouloit la con-
traindre ; nous efperions tout deux
que fa retraite fiechiroit le pere, il a
continué de la perfecuter , & laffe apparemment de fes perfécutions, ac-
coutumée à notre abfence , défefpé-
rant fans doute de me voir jamais à
elle, elle a cedé, renoncé au monde,
& s'eft liée par des nœuds qu'elle ne
peut plus rompre : il y a deux mois
que la chofe eft faite ; je la vis la
veille, je lui parlai, je me défefpérai,
& ma défolation, mes prieres, mon

amour, tout m'a été inutile; j'ai été témoin de mon malheur; j'ai depuis toujours demeuré dans le lieu, il a falu m'en arracher, je n'en arrivai qu'avant-hier. Je me meurs, je voudrois mourir, & je ne sçai pas comment je vis encore.

LA MARQUISE.

En verité, il semble dans le monde que les afflictions ne soient faites que pour les honnêtes gens.

LE CHEVALIER.

Je devrois retenir ma douleur, Madame, vous n'êtes que trop affligée vous-même.

LA MARQUISE

Non, Chevalier, ne vous gênez point; votre douleur fait votre éloge, je la regarde comme une vertu, j'aime à voir un cœur estimable, car cela est si rare; helas! il n'y a plus de mœurs, plus de sentiment dans le monde; moi qui vous parle, on trouve étonnant que je pleure depuis six mois; vous passerez aussi pour un homme extraordinaire, il n'y aura que moi qui vous plaindrai veritable-

ment, & vous êtes le seul qui rendra
justice à mes pleurs, vous me ressem-
blez : vous êtes né sensible, je le vois
bien.

LE CHEVALIER.

Il est vrai, Madame, que mes chagrins ne m'empêchent pas d'être tou-
ché des vôtres.

LA MARQUISE.

J'en suis persuadée, mais venons
au reste : que me voulez-vous ?

LE CHEVALIER.

Je ne verrai plus Angelique, elle
me l'a défendu, & je veux lui obéïr.

LA MARQUISE.

Voilà comment pense un honnête
homme, par exemple.

LE CHEVALIER.

Voici une Lettre que je ne sçaurois
lui faire tenir, & qu'elle ne recevroit
point de ma part ; vous allez inces-
samment à votre Campagne qui est
voisine du Lieu où elle est ; faites-
moi, je vous supplie, le plaisir de la
lui donner vous-même ; la lire est la

feule grace que je lui demande, & fi à mon tour, Madame, je pouvois jamais vous obliger. . . . .

LA MARQUISE *l'interrompant.*

Eh qui eft-ce qui en doute ? dès que vous êtes capable, d'une vraie tendreffe, vous êtes né genereux, cela s'en va fans dire ; je fçai à prefent votre caractere comme le mien ; les bons cœurs fe reffemblent, Chevalier: mais la Lettre n'eft point cachetée.

LE CHEVALIER.

Je ne fçai ce que je fais dans le trouble où je fuis, puifqu'elle ne l'eft point, lifez-là, Madame, vous en jugerez mieux combien je fuis à plaindre ; nous cauferons plus long-tems enfemble, & je fens que votre converfation me foulage.

LA MARQUISE.

Tenez fans compliment, depuis fix mois je n'ai eu de moment fupportable que celui-ci; & la raifon de cela, c'eft qu'on aime à foupirer avec ceux qui vous entendent : lifons la Lettre.

Elle lit.

J'avois deſſein de vous revoir encore, Angelique, mais j'ai ſongé que
je vous déſobligerois, & je m'en abſ-
tiens : après tout, qu'aurois - je été
chercher ? je ne ſçaurois le dire, tout
ce que je ſçai , c'eſt que je vous ai
perduë, que je voudrois vous parler
pour redoubler la douleur de ma perte, pour m'en pénetrer juſqu à mourir.

LA MARRQUÏSE *repetant les*
derniers mots & s'interrompant.

Pour m'en pénetrer juſqu'à mourir.
Mais cela eſt étonnant ; ce que vous
dites-là, Chevalier, je l'ai penſé mot
pour mot dans mon affliction ; peut-
on ſe rencontrer juſques-là ! en verité
vous me donnez bien de l'eſtime pour
vous ; achevons.

Elle relit.

Mais c'eſt fait, & je ne vous écris
que pour vous demander pardon de
ce qui m'échapa contre vous à notre
derniere entre-vuë ; vous me quittiez
pour jamais, Angelique , j'étois au-
deſeſpoir, & dans ce moment-là, je
vous aimois trop pour vous rendre
juſtice;mes reproches vous coûterent

des larmes, je ne voulois pas les voir,
je voulois que vous fuſſiez coupable,
& que vous cruſſiez l'être, & j'a-
voüe que j'offenſerois la vertu même.
Adieu. Angelique, ma tendreſſe ne
finira qu'avec ma vie, & je renonce à
tout engagement ; j'ai voulu que
vous fuſſiez contente de mon cœur,
afin que l'eſtime que vous aurez pour
lui, excuſe la tendreſſe dont vous
m'honorâtes.

LA MARQUISE. *après avoir*
lû & rendant la Lettre.

Allez, Chevalier, avec cette façon
de ſentir-là, vous n'êtes point à plaindre ; quelle Lettre ! Autrefois le Marquis m'en écrivit une à peu près de
même, je croyois qu'il n'y avoit que
lui au monde qui en fût capable ; vous
étiez ſon Ami, & je ne m'en étonne
pas.

LE CHEVALIER.

Vous ſçavez combien ſon amitié
m'étoit chere.

LA MARQUISE

Il ne la donnoit qu'à ceux qui la
méritoient.

LE CHEVALIER.

Que cettamitié-là me feroit d'un grand fecours, s'il vivoit encore.

LA MARQUISE *pleurant*.

Sur ce pied-là, nous l'avons donc perdu tous deux.

LE CHEVALIER.

Je croi que je ne lui furvivrai pas long-tems.

LA MARQUISE.

Non, Chevalier, vivez pour me donner la fatisfaction de voir fon Ami le regreter avec moi; à la place de fon amitié, je vous donne la mienne.

LE CHEVALIER.

Je vous la demande de tout mon cœur, elle fera ma reffource, je prendrai la liberté de vous écrire, vous voudrez bien me répondre, & c'eft une efperance confolante que j'emporte en partant.

LA MARQUISE.

En verité, Chevalier, je fouhaiterois que vous reftaffiez; il n'y a qu'a-

vec vous que ma douleur fe verroit
libre.

LE CHEVALIER.

Si je reſtois , je romprois avec tout
le monde ; & ne voudrois voir que
vous.

LA MARQUISE.

Mais effectivement, faites-vous bien
de partir? conſultez-vous : il me ſemble qu'il vous ſera plus doux d'être
moins éloigné d'Angelique.

LE CHEVALIER.

Il eſt vrai que je pourrois vous en
parler quelquefois.

LA MARQUISE.

Oüi , je vous plaindrois du moins,
& vous me plaindriez auſſi, cela rend
la douleur plus ſupportable.

LE CHEVALIER.

En verité je crois que vous avez
raiſon.

LA MARQUISE.

Nous ſommes voiſins.

LE CHEVALIER.

Nous demeurons comme dans la même maison, puisque le même Jardin nous est commun.

LA MARQUISE.

Nous sommes affligés, nous pensons de même.

LE CHEVALIER.

L'amitié nous sera d'un grand secours.

LA MARQUISE.

Nous n'avons que cette ressource-là dans les afflictions, vous en conviendrez : aimez-vous la lecture ?

LE CHEVALIER.

Beaucoup.

LA MARQUISE.

Cela vient encore fort bien, j'ai pris depuis quinze jours un homme à qui j'ai donné le soin de ma Bibliotheque, je n'ai pas la vanité de devenir sçavante, mais je suis bien aise de m'occuper ; il me lit tous les jours quelque chose, nos lectures sont serieuses, raisonnables , il y met un ordre qui m'instruit en m'amusant: voulez-vous être de la partie?

LE CHEVALIER.

Voilà qui est fini, Madame , vous me déterminez; c'est un bonheur pour moi que de vous avoir vuë , je me sens déja plus tranquille ; allons , je ne partirai point, j'ai des Livres aussi en assez grande quantité, celui qui a soin des vôtres les mettra tout ensemble , & je vais appeller mon Valet pour changer les ordres que je lui ai donnés : que je vous ai d'obligation , peut-être que vous me sauvez la raison, mon désepoir se calme, vous avez dans l'esprit une douceur qui m'étoit nécessaire, & qui me gagne; vous avez renoncé à l'amour & moi aussi , & votre amitié me tiendra lieu de tout, si vous êtes sensible à la mienne.

LA MARQUISE.

Serieusement , je m'y crois presqu'obligée , pour vous dédommager de celle du Marquis: allez, Chevalier, faites vîte vos affaires, je vais de mon côté donner quelque ordre aussi; nous nous reverrons tantôt (*Et à part*) en verité ce Garçon-là a un fond de probité qui me charme.

＊＊＊＊＊＊＊＊＊＊＊＊＊＊

SCENE VIII.

LE CHEVALIER, LUBIN.

LE CHEVALIER *seul un moment.*

VOilà vraiement de ces efprits propres à confoler une perfonne affligée ; que cette Femme-là a de mérite, je ne la connoiffois pas encore; quelle folidité defprit, quelle bonté de cœur! C'eft un caractere à peu près comme celui d'Angelique, & ce font des tréfors que ces caracteres-là; oüi, je la préfere à tous les Amis du monde. (*Il appelle Lubin*) Lubin : il me femble que je le vois dans le Jardin.

SCENE IX.

LUBIN, LE CHEVALIER.

LUBIN *répond derriere le Theatre.*

Monsieur . . . (*& puis il arrive très triste*) Que vous plaît-il, Monsieur ?

LE CHEVALIER.

Qu'as-tu donc, avec cet air triste ?

LUBIN.

Helas ! Monsieur, quand je suis à rien faire, je m'atriste à cause de votre Maîtresse, & un peu à cause de la mienne ; je suis faché de ce que nous partons, si nous restions, je serois faché de même.

LE CHEVALIER.

Nous ne partons point, ainsi ne fais rien de ce que je t'avois ordonné pour notre départ.

LUBIN.

Nous ne partons point !

LE CHEVALIER.

Non, j'ai changé d'avis.

LUBIN.

Mais, Monfieur, j'ai fait mon pa-quet.

LE CHEVALIER.

Eh bien , tu n'as qu'à le défaire.

LUBIN.

J'ai dit adieu à tout le monde, je ne pourrai donc plus voir perfonne ?

LE CHEVALIER.

Eh, tais-toi, rend-moi mes Let-tres.

LUBIN.

Ce n'eft pas la peine, je les porte-rai tantôt.

LE CHEVALIER.

Cela n'eft plus néceffaire, puifque je refte ici.

LUBIN.

Je n'y comprens rien, c'eſt donc encore autant de perdu que ces Lettres-là : mais, Monſieur, qui eſt-ce qui vous empêche de partir, eſt-ce Madame la Marquiſe ?

LE CHEVALIER.

Oüi.

LUBIN.

Et nous ne changeons point de maiſon ?

LE CHEVALIER.

Et pourquoi en changer ?

LUBIN.

Ah ! me voilà perdu.

LE CHEVALIER.

Comment donc !

LUBIN.

Vos maiſons ſe communiquent ; de l'une on entre dans l'autre, je n'ai plus ma Maîtreſſe ; Madame la Marquiſe a une Femme de Chambre, toute agréable ; de chez vous, j'irai

chez elle, crac, me voilà infidele tout
de plein pied , & cela m'afflige , pauvre Marthon ! faudra-t'il que je t'oublie ?

LE CHEVALIER.

Tu ferois un bien mauvais cœur.

LUBIN.

Ah pour cela oüi, cela fera bien vi-
lain, mais cela ne manquera pas d'ar-
river : car j'y fens déja du plaifir, & cela me met au défefpoir; encore fi vous
aviez la bonté de montrer l'exemple ,
tenez, la voilà qui vient Lifette.

SCENE X.

LISETTE , LE COMTE ;
LE CHEVALIER, LUBIN.

LE COMTE.

J'Allois chez vous, Chevalier,& j'ai
fçû de Lifette que vous êtiez ici ;
elle m'a dit votre affliction , & je vous
affure que j'y prens beaucoup de
part ; il faut tâcher de fe diffiper.

LE

LE CHEVALIER.

Cela n'eft pas aifé, Monfieur le Comte.

LUBIN *faifant un fanglot.*

Eh !

LE CHEVALIER.

Tais-toi.

LE COMTE.

Que lui eft-il donc arrivé , à ce pauvre Garçon ?

LE CHEVALIER.

Il a, dit-il , du chagrin de ce que je ne pars point comme je l'avois ré-folu.

LUBIN *riant.*

Et pourtant je fuis bien aife de ref-ter, à caufe de Lifette.

LISETTE.

Cela eft galant : mais Monfieur le Chevalier, venons à ce qui nous ame-ne Monfieur le Comte & moi. J'étois fous le Berceau pendant votre con-

D

verfation avec Madame la Marquife, & j'en ai entendu une partie fans le vouloir ; votre voyage eft rompu , ma Maîtreffe vous a confeillé de ref-ter, vous êtes tous deux dans la trifteſ-fe, & la conformité de vos fentimens , fera que vous vous verrez fouvent. Je fuis attachée à ma Maîtreffe, plus que je ne fçaurois vous le dire , & je fuis defolée de voir qu'elle ne veut pas fe confoler , qu'elle foupire & pleure toûjours ; à la fin elle n'y refiftera pas; n'entretenez point fa douleur, tâ-chez même de la tirer de fa mélanco-lie ; voilà Monfieur le Comte qui l'ai-me, vous le connoiffez, il eft de vos amis, Madame la Marquife n'a point de répugnance à le voir, ce feroit un mariage qui conviendroit , je tâche de le faire réüffir ; aidez-nous de vo-tre côté, Monfieur le Chevalier, ren-dez ce fervice à votre ami , fervez ma Maîtreffe elle-même.

LE CHEVALIER.

Mais, Lifette, ne me dites-vous pas que Madame la Marquife voit le Comte fans répugnance.

LE COMTE.

Mais , fans, répugnance cela veut

dire qu'elle me souffre, voilà tout.

LISETTE.

Et qu'elle reçoit vos visites.

LE CHEVALIER.

Fort bien ; mais s'apperçoit-elle que vous l'aimez ?

LE COMTE.

Je crois que oüi.

LISETTE.

De tems en tems, de mon côté, je glisse de petits mots, afin qu'elle y prenne garde.

LE CHEVALIER.

Mais vraiement ces petits mots-là doivent faire un grand effet, & vous êtes entre de bonnes mains, Monsieur le Comte, & que vous dit la Marquise? vous répond-t'elle d'une façon qui promette quelque chose ?

LE COMTE.

Jusqu'ici elle me traite avec beaucoup de douceur.

LE CHEVALIER.

Avec douceur ! serieusement?

LE COMTE.

Il me le paroît.

LE CHEVALIER *brusquement.*

Mais sur ce pied-là, vous n'avez donc pas besoin de moi ?

LE COMTE.

C'est conclure d'une maniere qui m'étonne.

LE CHEVALIER.

Point du tout je dis fort bien ; on voit votre amour, on le souffre, on y fait accueil, apparemment qu'on s'y plaît, & je gârerois peut-être tout si je m'en mêlois, cela va tout seul

LISETTE.

Je vous avouë que voilà un raisonnement auquel je n'entends rien.

LE COMTE.

J'en suis aussi surpris que vous.

LE CHEVALIER.

Ma foi, Monsieur le Comte, je faisois tout pour le mieux ; mais puisque vous le voulez, je parlerai, il en

arrivera ce qu'il pourra, vous le voulez ; malgré mes bonnes raiſons, je
ſuis votre Serviteur & votre Ami.

LE COMTE.

Non, Monſieur, je vous ſuis bien
obligé, & vous aurez la bonté de
ne rien dire; j'irai mon chemin. Adieu
Liſette, ne m'oubliez pas, puiſque
Madame la Marquiſe a des affaires,
je reviendrai une autre fois.

SCENE XI.

LE CHEVALIER, LISETTE, LUBIN.

LE CHEVALIER.

Faites entendre raiſon aux gens,
voilà ce qui en arrive; aſſurément,
cela eſt original, il me quitte auſſi
froidement que s'il quittoit un Rival.

LUBIN.

Eh bien, tout coup vaille, il ne faut
jurer de rien dans la vie, cela dépend
des fantaiſies ; fourniſſez-vous tou-

jours ; & vive les provisions, n'est-ce
pas Lisette ?

LISETTE.

Oserois-je, Monsieur le Chevalier,
vous parler à cœur ouvert.

LE CHEVALIER.

Parlez.

LISETTE.

Mademoiselle Angelique est perduë pour vous.

LE CHEVALIER.

Je ne le sçai que trop.

LISETTE:

Madame la Marquise est riche,
jeune & belle.

BUBIN.

Cela est friand.

LE CHEVALIER.

Après.

LISETTE.

Eh bien, Monsieur le Chevalier,
tantôt vous l'avez vûë soupirer de ses

afflictions, n'auriez-vous pas trouvé qu'elle a bonne grace à soupirer, je crois que vous m'entendez ?

LUBIN.

Courage, Monfieur.

LE CHEVALIER.

Expliquez-vous ; qu'eft-ce que cela fignifie, que j'ai de l'inclination pour elle ?

LISETTE.

Pourquoi non, je le voudrois de tout mon cœur, dans l'état où je vois ma Maîtreffe, que m'importe par qui elle en forte, pourvû qu'elle époufe un honnête homme.

LUBIN.

C'eft ma foi bien dit, il faut être honnête homme pour l'époufer, il n'y a que les malhonnêtes gens qui ne l'épouferont point.

LE CHEVALIER *froidement.*

Finiffons, je vous prie, Lifette.

LISETTE.

Eh bien, Monfieur, fur ce pied là ;

que n'allez-vous vous enfevelir dans
quelque folitude où l'on ne vous
voye point ; fi vous fçaviez combien
aujourd'hui votre phifionomie eft
bonne à porter dans un Defert, vous
aurez le plaifir de n'y trouver rien de
fi trifte qu'elle ; tenez, Monfieur, l'en-
nui, la langueur, la défolation, le
défefpoir, avec un air fanvage bro-
chant fur le tout, voilà le noir tableau
que reprefente actuellement votre vifage ; & je foûtiens que la vûe en peut
rendre malade, & qu'il y a confcience
à la promener par le monde ; ce n'eft
pas-là tout , quand vous parlez aux
gens, c'eft du ton d'un homme qui
va rendre les derniers foupirs, ce font
des paroles qui traînent, qui vous en-
gourdiffent, qui ont un poifon froid
qui glace l'ame , & dont je fens que la
mienne eft gelée, je n'en peux plus; &
cela doit vous faire compaffion. Je ne
vous blâme pas, vous avez perdu votre Maîtreffe; vous vous êtes voüé aux
langueurs , vous avez fait vœu d'en
mourir ; c'eft fort bien fait ; cela édi-
fiera le monde : on parlera de vous
dans l'Hiftoire, vous ferez excellent
à être cité ; mais vous ne valez rien à
être vû ; ayez donc la bonté de nous
édifier de plus loin.   LE

LE CHEVALIER.

Lisette, je pardonne au zele que vous avez pour votre Maîtresse ; mais votre discours ne me plaît point.

LUBIN.

Il est incivile.

LE CHEVALIER.

Mon voyage est rompu ; on ne change pas à tout moment de résolution, & je ne partirai point ; à l'égard de Monsieur le Comte, je parlerai en sa faveur à votre Maîtresse, & s'il est vrai, comme je le préjuge, qu'elle ait du penchant pour lui, ne vous inquietez de rien, mes visites ne seront pas fréquentes, & ma tristesse ne gâtera rien ici.

LISETTE.

N'avez-vous que ce cela à me dire, Monsieur ?

LE CHEVALIER.

Que pourrois-je vous dire davantage ?

LISETTE.

Adieu, Monsieur, je suis votre servante.

E

SCENE XII.

LUBIN, LE CHEVALIER.

LE CHEVALIER, *quelque tems sérieux.*

Tout ce que j'entens là, me rend la perte d'Angélique encore plus sensible.

LUBIN.

Ma foi, Angélique me coupe la gorge.

LE CHEVALIER, *comme en se promenant*

Je m'atendois à trouver quelque consolation dans la Marquise, sa généreuse résolution de ne plus aimer me la rendoit respectable; & la voilà qui va se remarier; à la bonne heure : je la distinguois, & ce n'est qu'une femme comme une autre.

LUBIN.

Mettez-vous à la place d'une veuve qui s'ennuye,

LE CHEVALIER.

Ah! chere Angelique, s'il y a quelque chofe au monde qui puiffe me confoler, c'eft de fentir combien vous êtes au-deffus de votre fexe, c'eft de voir combien vous méritez mon a-amour.

LUBIN.

Ah! Marthon, Marthon, je t'oubliois d'un grand courage, mais mon Maître ne veut pas que j'acheve, je m'en vais donc me remettre à te regretter comme auparavant, & que le Ciel m'affifte !....

LE CHEVALIER, *fe promenant*

Je me fens plus que jamais accablé de ma douleur.

LUBIN.

Lifette m'avoit un peu ragaillardi.

LE CHEVALIER.

Je vais m'enfermer chez moi, je ne verrai que tantôt la Marquife, je n'ai plus que faire ici fi elle fe marie: fuis-je en état de voir des Fêtes! en verité, la Marquife y fonge t'elle, & qu'eft devenuë la memoire de fon Mari?

LUBIN.

Ah! Monſieur, qu'eſt-ce que vous voulez qu'elle faſſe d'une memoire ?

LE CHEVALIER.

Quoi qu'il en ſoit je lui ai dit que je ferois apporter mes Livres , & l'honnêteté veut que je tienne parole : va me chercher celui qui a ſoin des ſiens, ne ſeroit-ce pas lui qui entre ?

SCENE XIII.

HORTENSIUS, LUBIN, LE CHEVALIER.

HORTENSIUS.

JE n'ai pas l'honneur d'être connu de vous , Monſieur, je m'appelle Hortenſius ; Madame la Marquiſe, dont j'ai l'avantage de diriger les lectures, & à qui j'enſeigne tour à tour les Belles Lettres , la Morale, & la Philoſophie, ſans préjudice des autres Sciences que je pourrois lui enſeigner encore , m'a fait entendre ,

Monsieur, le désir que vous avez de me montrer vos Livres, lesquels témoigneront, sans doute, l'excélence & sûreté de votre bon goût; partant, Monsieur, que vous plaît-il qu'il en soit?

LE CHEVALIER.

Lubin va vous mener à ma Bibliothéque, Monsieur, & vous pouvez en faire apporter les Livres ici.

HORTENSIUS.

Soit fait, comme vous le commandez.

SCENE XIV.

LUBIN, HORTENSIUS.

HORTENSIUS.

EH bien, mon garçon, je vous attend.

LUBIN.

Un petit moment d'audience, Monsieur le Docteur Hortus.

HORTENSIUS.

Hortenfius, Hortenfius, ne défigu-
rez point mon nom.

LUBIN.

Qu'il refte comme il eft, je n'ai
pas envie de lui gâter la taille.

HORTENSIUS, *à part.*

Je le croi mais que voulez-vous?
il faut gagner la bienveillance de tout
le monde.

LUBIN.

Vous apprenez la Morale & la Phi-
lofophie à la Marquife?

HORTENSIUS.

Ouï.

LUBIN.

A quoi cela fert-il; ces chofes
là?...

HORTENSIUS.

A purger l'ame de toutes fes paffions.

LUBIN.

Tant mieux; faites moi prendre un

doigt de cette médecine là, contre
ma mélancolie.

HORTENSIUS.

Est-ce que vous avez du chagrin ?

LUBIN.

Tant que j'en mourrois, sans le bon
apetit qui me sauve.

HORTENSIUS.

Vous avez là un puissant antidotte :
je vous dirai pourtant, mon ami, que
le chagrin est toujours inutile, parce
qu'il ne remedie à rien, & que la raison doit être notre regle dans tous les
états.

LUBIN.

Ne parlons point de raison, je la
sçai par cœur, celle là ; purgez-moi
plûtôt avec de la Morale.

HORTENSIUS.

Je vous en dis, & de la meilleure.

LUBIN.

Elle ne vaut donc rien pour mon
tempérament ; servez moi de la Philosophie.

HORTENSIUS.

Ce seroit à peu près la même chose.

LUBIN.

Voyons donc les Belles Lettres.

HORTENSIUS.

Elles ne vous conviendroient pas;
mais quel est votre chagrin?

LUBIN.

C'est l'amour.

HORTENSIUS.

Oh! la Philosophie ne veut pas
qu'on prenne d'amour.

LUBIN.

Ouï, mais quand il est pris, que
veut-elle qu'on en fasse?

HORTENSIUS.

Qu'on y renonce, qu'on le laisse là.

LUBIN.

Qu'on le laisse là? & s'il ne s'y tient
pas, car il court après vous.

HORTENSIUS.

Il faut fuir de toutes ses forces.

LUBIN.

Bon, quand on a de l'amour, est-ce qu'on a des jambes : la Philosophie en fournit donc ?

HORTENSIUS.

Elle nous donne d'excellens conseils.

LUBIN.

Des conseils : ah ! le triste équipage pour gagner pays.

HORTENSIUS.

Ecoutez, voulez vous un remede infaillible, vous pleurez une Maîtresse ; faites-en une autre.

LUBIN.

Eh morbleu que ne parlez-vous, voilà qui est bon cela : gageons que c'est avec cette Morale là que vous traitez la Marquise, qui va se marier avec Monsieur le Comte.

HORTENSIUS, *étonné.*

Elle va se marier, dites-vous ?

LUBIN.

Assurément, & si nous avions vou-

lu d'elle, nous l'aurions eu par pré-
férence, car Lisette nous l'a offert.

HORTENSIUS.

Etes-vous bien sûr de ce que vous
me dites ?

LUBIN.

A telles enseignes que Lisette nous
a ensuite proposé de nous retirer parce que nous sommes tristes, & que
vous êtes un peu Pedant, à ce qu'elle
dit, & qu'il faut que la Marquise se
tienne en joye.

HORTENSIUS, à part.

Benè, benè, je te rend graces, ô
Fortune ! de m'avoir instruit de cela,
je me trouve bien ici, ce mariage m'en
chasseroit, mais je vais soulever un
orage qu'on ne pourra vaincre.

LUBIN.

Que marmottez-vous là dans vos
dents, Docteur ?

HORTENSIUS.

Rien, allons toujours chercher les
Livres, car le tems presse.

Fin du premier Acte.

ACTE SECOND.

SCENE PREMIERE.

LUBIN, HORTENSIUS.

LUBIN chargé d'une manne de Livres, & s'asseïant dessus.

AH ! Je n'aurois jamais crû que la Science fût si pesante.

HORTENSIUS.

Belle bagatelle ; J'ai bien plus de Livres que tout cela dans ma tête.

LUBIN.

Vous ?

HORTENSIUS.

Moi-même.

LUBIN.

Vous êtes donc le Libraire & la Boutique tout à la fois ? & qu'est-ce

que vous faites de tout cela dans vôtre tête ?

HORTENSIUS.

J'en nourris mon esprit.

LUBIN.

Il me semble que cette nourriture
là ne lui profite point ; je l'ai trouvé
maigre.

HORTENSIUS.

Vous ne vous y connoissez point ;
mais reposez-vous un moment, vous
viendrez me trouver après dans la
Bibliotheque, où je vais faire de la
place à ces Livres.

LUBIN.

Allez, allez toujours devant.

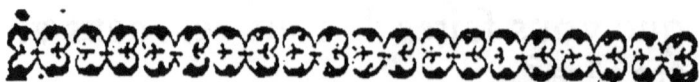

SCENE II.

LUBIN, LISETTE.

LUBIN *un moment seul & assis.*

AH! pauvre Lubin! j'ai bien du tourment dans le cœur; je ne sçai plus à present si c'est Marthon que j'aime, ou si c'est Lisette : je croi pourtant que c'est Lisette, à moins que ce ne soit Marthon.

Lisette arrive avec quelques Laquais qui portent des sieges.

LISETTE.

Apportez, apportez-en encore un ou deux, & mettez-les là.

LUBIN *assis.*

Bon jour, ma mour.

LISETTE.

Que fais-tu donc ici?

LUBIN.

Je me repose sur un paquet de Li-

vres que je viens d'apporter pour
nourrir l'efprit de Madame, car le
Docteur le dit ainfi.

LISETTE.

La fotte nourriture ; quand verai-je
finir toutes ces folies là ? va, va, porte
ton impertinent ballot.

LUBIN.

C'eft de la Morale & de la Philo-
fophie ; ils difent que cela purge l'a-
me ; j'en ai pris une petite dofe, mais
cela ne m'a pas feulement fait éter-
nuer.

LISETTE.

Je ne fçai ce que tu viens me con-
ter ; laiffe-moi en repos, va-t'en.

LUBIN.

Eh, pardi ce n'eft donc pas pour
moi que tu faifois apporter des fieges?

LISETTE.

Le butord : c'eft pour Madame, qui
va venir ici.

LUBIN.

Voudrois-tu, en paffant, prendre
la peine de t'affeoir un moment, Ma-

demoiſelle ? je t'en prie , j'aurois quelque choſe à te communiquer.

LISETTE.

Eh bien, que me veux-tu , Monſieur ?

LUBIN.

Je te dirai, Liſette, que je viens de
regarder ce qui ſe paſſe dans mon
cœur, & je te confie que j'ai vû la
figure de Marthon qui en délogeoit,
& la tienne qui demandoit à ſe nicher
dedans ; je lui ai dit que je t'en parle-
rois, elle attend : veux-tu que je la
laiſſe entrer ?

LISETTE.

Non Lubin, je te conſeille de la
renvoyer : car, dis-moi, que ferois-tu?
à quoi cela aboutiroit-il ? à quoi nous
ſerviroit de nous aimer ?

LUBIN.

Ah ! on trouve toujours bien le dé-
bit de cela entre deux perſonnes.

LISETTE.

Non, te dis je, ton Maître ne veut
point s'attacher à ma Maîtreſſe, & ma

fortune dépend de demeurer avec elle, comme la tienne dépend de rester avec le Chevalier.

LUBIN.

Cela est vrai, j'oubliois que j'avois une fortune qui est d'avis que je ne te regarde pas : cependant, si tu me trouvois à ton gré, c'est dommage que tu n'ayes pas la satisfaction de m'aimer à ton aise ; c'est un hazard qui ne se trouve pas toujours. Serois-tu d'avis que j'en touchasse un petit mot à la Marquise ? elle a de l'amitié pour le Chevalier, le Chevalier en a pour elle ; ils pourroient fort bien se faire l'amitié de s'épouser par amour, & notre affaire iroit tout de suite.

LISETTE.

Tais-toi, voici Madame.

LUBIN.

Laisse-moi faire.

SCENE

SCENE III.

LA MARQUISE, HORTENSIUS, LISETTE, LUBIN.

LA MARQUISE.

Lisette, allez dire là-bas qu'on ne laisse entrer personne ; je crois que voilà l'heure de notre Lecture, il faudroit avertir le Chevalier. Ah, te voilà, Lubin, où est ton Maître ?

LUBIN.

Je croi, Madame, qu'il est allé soupirer chez lui.

LA MARQUISE.

Va lui dire que nous l'attendons.

LUBIN.

Oüi, Madame ; & j'aurai aussi pour moi, une petite bagatelle à vous proposer ; dont je prendrai la liberté de vous entretenir en toute humilité, comme cela se doit.

LA MARQUISE.

Eh, de quoi s'agit-il ?

E

LUBIN.

Oh ! prefque de rien ; nous parle-
rons de cela tantôt, quand j'aurai fait
votre commiffion.

LA MARQUISE.

Je te rendrai fervice , fi je le puis.

SCENE IV.

HORTENSIUS, LA MARQUISE.

LA MARQUISE *nonchalemment.*

EH bien, Monfieur, vous n'aimez
donc pas les Livres du Chevalier?

HORTENSIUS.

Non, Madame, le choix ne m'en
paroît pas Docte ; dans dix Tomes,
pas la moindre citation de nos Auteurs Grecs ou Latins, lefquels quand
on compofe, doivent fournir tout le
fuc d'un Ouvrage ; en un mot, ce ne
font que des Livres modernes, rem-
plis de Phrafes fpirituelles ; ce n'eft
que de l'efprit, toujours de l'efprit,
petiteffe qui choque le fens commun.

LA MARQUISE, *nonchalante*

Mais de l'esprit ! est-ce que les Anciens n'en avoient pas ?

HORTENSIUS.

Ah ! Madame ; *Distinguo* , ils en avoient d'une maniere... oh ! d'une maniere que je trouve admirable.

LA MARQUISE.

Expliquez-moi cette maniere.

HORTENSIUS.

Je ne sçai pas trob bien quelle image employer pour cet effet , car c'est par les images que les Anciens peignoient les choses. Voici comme parle un Auteur, dont j'ai retenu les paroles : Representez-vous , dit-il, une Femme coquette : *Primo* , son Habit est en Pretintailles, au lieu de graces, je lui vois des mouches ; au lieu de visage, elle a des mines ; elle n'agit point, elle gesticule ; elle ne regarde point, elle lorgne ; elle ne marche pas, elle voltige ; elle ne plaît point , elle séduit ; elle n'occupe point, elle amuse ; on la croit belle, & moi je la tiens ridicule : & c'est à

F ij

cette impertinente femme, que ref-
femble l'efprit d'aprefent, dit l'Auteur.

LA MARQUISE.

J'entens bien.

HORTENSIUS.

L'efprit des Anciens, au contraire,
continuë-t-il, ah ! c'eft une beauté fi
mâle, que pour démêler qu'elle eft
belle, il faut fe douter qu'elle l'eft ;
fimple dans fes façons, on ne diroit
pas qu'elle ait vu le monde : mais
ayez feulement le courage de vouloir
l'aimer, & vous parviendrez à la trouver charmante.

LA MARQUISE.

En voilà affez, je vous comprens;
nous fommes plus affectés, & les Anciens plus groffiers.

HORTENSIUS.

Que le Ciel m'en garde ! Madame,
jamais Hortenfius.....

LA MARQUISE.

Changeons de difcours ; que nous
lirez-vous aujourd'hui ?

HORTENSIUS.

Je m'étois proposé de vous lire un peu du Traité de la Patience, Chapitre premier, du Veuvage.

LA MARQUISE.

Oh ! prenez autre chose ; rien ne me donne moins de patience que les Traités qui en parlent.

HORTENSIUS.

Ce que vous dites est probable.

LA MARQUISE.

J'aime assez l'éloge de l'amitié ; nous en lirons quelque chose.

HORTENSIUS.

Je vous supplierai de m'en dispenser, Madame, ce n'est pas la peine pour le peu de tems que nous avons à rester ensemble, puisque vous vous mariez avec Monsieur le Comte.

LA MARQUISE.

Moi!

HORTENSIUS.

Oüi, Madame, au moyen duquel

mariage , je deviens à préfent un fer-
viteur fuperflu, femblable à ces Trou-
pes qu'on entretient pendant la Guer-
re , & que l'on caffe à la Paix ; je com-
battois vos paffions, vous vous ac-
commodez avec elles, & je me retire
avant qu'on me réforme.

LA MARQUISE.

Vous tenez là de jolis difcours ,
avec vos paffions , il eft vrai que
vous êtes affez propre à leur faire peur,
mais je n'ai que faire de vous pour les
combattre ; des paffions avec qui je
m'accommode ! en verité vous êtes
burlefque. Et ce mariage de qui le te-
nez-vous donc?

HORTENSIUS.

De Mademoifelle Lifette , qui l'a
dit à Lubin , lequel me l'a rapporté,
avec cette apoftille contre moi , qui
eft que ce mariage m'expulferoit d'i-
ci.

LA MARQUISE, *étonnée.*

Mais queft-ce que cela fignifie ? le
Chevalier croira que je fuis folle , &
je veux fçavoir ce qu'il a répondu,
ne me cachez rien , parlez.

HORTENSIUS.

Madame, je ne fçai rien là deſſus, que de très vague.

LA MARQUISE.

Du vague, voilà qui eſt bien inſtruétif; voyons donc ce vague.

HORTENSIUS.

Je penſe donc que Liſette ne diſoit à Monſieur le Chevalier que vous épouſiez Monſieur le Comte …

LA MARQUISE.

Abregez les qualités.

HORTENSIUS.

Qu'afin de ſçavoir ſi ledit Chevalier ne voudroit pas vous rechercher lui-même, & ſe ſubſtituer au lieu & place dudit Comte; & même il aperț par le récit dudit Lubin, que ladite Liſette vous a offert au ſieur Chevalier.

LA MARQUISE.

Voilà, par éxemple de ces faits incroyables, c'eſt promener ~~la main~~ d'une femme, & dire aux gens, la voulez-vous, ah ! ah ! je m'imagine voir le Chevalier reculer de dix pas à la proposition, n'eſt-il pas vrai ?

HORTENSIUS.

Je cherche ſa réponſe litterale.

LA MARQUISE.

Ne vous broüillez point, vous avez la memoire fort nette ordinairement.

HORTENSIUS.

L'hiſtoire rapporte qu'il s'eſt d'abord écrié dans ſa ſurpriſe, & qu'enſuite il a refuſé la choſe.

LA MARQUISE.

Oh ! pour l'exclamation, il pouvoit la retrancher, ce me ſemble, elle me paroît très imprudente & très impolie, j'en approuve l'eſprit, s'il penſoit autrement, je ne le verrois de ma vie ; mais ſe récrier devant des Domeſtiques, m'expoſer à leur raillerie, ah ! c'en eſt un peu trop, il n'y a point de ſituation qui diſpenſe d'être honnête.

HORTENSIUS.

La remarque critique, eſt judicieuſe.   LA

LA MARQUISE.

Oh ! je vous affure que je mettrai ordre à cela ; comment donc? cela m'attaque directement, cela va prefque au mépris : oh, Monfieur le Chevalier, aimez votre Angélique, tant que vous voudrez ; mais, que je n'en fouffre pas, s'il vous plaît ! je ne veux point me marier ; mais je ne veux pas qu'on me refufe.

HORTENSIUS.

Ce que vous dites eft fans faute. (*à part.*) Ceci va bon train, pour moi. (*à la Marquife.*) Mais Madame que deviendrai-je? puis-je refter ici ? n'ai-je rien à craindre?

LA MARQUISE.

Allez, Monfieur , je vous retiens pour cent ans , vous n'avez ici ni Comte, ni Chevalier à craindre; c'eft moi qui vous en affure, & qui vous protege : prenez votre Livre, & lifons, je n'attends perfonne. (*Hortenfius tire un Livre.*)

G

SCENE V.

LUBIN *arrive.* HORTENSIUS,
LA MARQUISE.

LUBIN.

MAdame, Monsieur le Chevalier
finit un embarras avec un homme; il va venir, & il dit qu'on l'attende.

LA MARQUISE.

Va, va, quand il viendra nous le
prendrons.

LUBIN

Si vous le permettiez à present, Madame, j'aurois l'honneur de causer un
moment avec vous.

LA MARQUISE.

Eh bien, que veux-tu ? acheves.

LUBIN.

Oh, mais, je n'oserois, vous me
paroissez en colere.

LA MARQUISE *à Hortenſius.*

Moi de la colere, ai-je cet air là, Monſieur ?

HORTENSIUS.

La paix regne ſur votre viſage.

LUBIN.

C'eſt donc que cette paix y regne d'un air fâché ?

LA MARQUISE.

Finis, finis.

LUBIN.

C'eſt que vous ſçaurez, Madame, que Liſette trouve ma perſonne aſſez agréable ; la ſienne me revient aſſez, & ce ſeroit un marché fait, ſi, par une bonté qui nous rendroit la vie, Madame qui eſt à marier, vouloit bien prendre un peu d'amour pour mon Maître qui a du merite, & qui dans cette occaſion, ſe comporteroit à l'avenant.

LA MARQUISE *à Hortenſius.*

Aha ! écoutons, voilà qui ſe rapporte aſſez à ce que vous m'avez dit.

LUBIN.

On parle auffi de Monfieur le Comte, & les Comtes font d'honnêtes gens ; je les confidere beaucoup , mais , fi j'étois femme , je ne voudrois que des Chevaliers pour mon Mari ; vive un Cadet dans le menage !

LA MARQUISE.

Sa vivacité me divertit : tu as raifon , Lubin ; mais malheureufement , dit-on , ton Maître ne fe foucie point de moi.

LUBIN.

Cela eft vrai , il ne vous aime pas , & je lui en ai fait la réprimande avec Lifette : mais fi vous commenciez, cela le mettroit en train.

LA MARQUISE, *à Hortenfius.*

Eh bien Monfieur, qu'en dites-vous ? fentez-vous là-dedans le perfonnage que je joue, la fotife du Chevalier me donne-t'elle un ridicule affez complet ?

HORTENSIUS.

Vous l'avez prévû avec fagacité,

LUBIN.

Oh ! je ne difpute pas qu'il n'ait fait une fottife, affeurément ; mais dans l'occurrence, un honnête homme fe reprend.

LA MARQUISE.

Tais-toi, en voilà affez.

LUBIN.

Helas , Madame , je ferois bien fâché de vous déplaire ; je vous demande feulement d'y faire reflexion.

SCENE VI.

LISETTE *arrive.*

Les Acteurs précedens.

LISETTE.

JE viens de donner vos ordres, Madame, on dira là bas que vous n'y êtes pas, & un moment après....

LA MARQUISE.

Cela fuffit, il s'agit d'autre chofe,

à présent, approches; (& *à Lubin*,)
& toi restes ici, je te prie.

LISETTE.

Qu'est-ce que c'est donc, que cette
cérémonie ?

LUBIN *à Lisette, bas.*

Tu vas entendre parler de ma be-
fogne.

LA MARQUISE.

Mon mariage avec le Comte,
quand le terminerez vous, Lisette ?

LISETTE *regardant Lubin.*

Tu es un étourdi.

LUBIN.

Ecoutes, écoutes.

LA MARQUISE.

Répondez-moi donc, quand le terminerez vous?

HORTENSIUS *rit.*

LISETTE *le contrefaisant.*

Eh, eh, eh. Pourquoi me deman-
dez-vous cela, Madame ?

LA MARQUISE.

C'eſt que j'apprens que vous me marirez avec Monſieur le Comte, au défaut du Chevalier, à qui vous m'avez propoſée, & qui ne veut point de moi, malgré tout ce que vous avez pû lui dire avec ſon Valet, qui vient m'exhorter à avoir de l'amour pour ſon Maître, dans l'eſperance que cela le touchera.

LISETTE.

J'admire le tour que prennent les choſes les plus loüables, quand un Benêt les rapporte!

LUBIN.

Je crois qu'on parle de moi?

LA MARQUISE.

Vous admirez le tour que prennent les choſes?

LISETTE.

Ah ça, Madame, n'allez-vous pas vous fâcher? n'allez-vous pas croire que j'ai tort?

LA MARQUISE.

Quoi, vous portez la hardieſſe juſ-

G iiij

ques-là! Lisette ; Quoi, prier le Chevalier de me faire la grace de m'aimer, & tout cela pour pouvoir épouser cet imbecille-là !

LUBIN.

'Attrapes, attrapes toûjours.

LA MARQUISE.

Qu'est-ce que c'est donc que l'amour
du Comte ? vous êtes donc la Con-
fidente des passions qu'on a pour
moi , & que je ne connois point ? &
Qu'est-ce qui pourroit se l'imaginer!
Je suis dans les pleurs, & l'on promet
mon cœur & ma main à tout le monde, même à ceux qui n'en veulent
point ; je suis rejettée, j'essuye des
affronts, j'ai des Amans qui esperent,
& je ne sçai rien de tout cela? qu'une
femme est à plaindre dans la situation
où je suis! qu'elle perte j'ai fait? &
comment me traite-t'on !

LUBIN *à part.*

Voilà notre ménage renversé.

LA MARQUISE *à Lisette.*

'Allez, je vous croyois plus de zele,
& plus de respect pour votre Maîtresse.

LISETTE.

Fort bien, Madame; vous parlez de zele, & je fuis payée du mien : voilà ce que c'eft que de s'attacher à fes Maîtres, la reconnoiffance n'eft point faite pour eux; fi vous réüffiffez à les fervir, ils en profitent; & quand vous ne réüffiffez pas , ils vous traitent comme des miferables.

LUBIN.

Comme des imbecilles.

HORTENSIUS *à Lifette.*

Il eft vrai qu'il vaudroit mieux que la ne fût point advenu.

LA MARQUISE.

Eh ! Monfieur, mon veuvage eft éternel ; en verité, il n'y a point de femme au monde plus éloignée du mariage que moi, & j'ai perdu le feul homme qui pouvoit me plaire; mais malgré tout cela, il y a de certaines avantures défagreables pour une femme. Le Chevalier m'a refufée , par exemple : mon amour propre ne fui en veut aucun mal; il n'y a là-dedans, comme je vous l'ai déja dit , que le

ton, que la maniere que je condam-
ne : car quand il m'aimeroit , cela lui
feroit inutile ; mais enfin il m'a refufée , cela eft conftant , il peut fe van-
ter de cela , il le fera peut-être , qu'en
arrive-t'il ? Cela jette un air de rebut
fur une femme, les égards & l'attention qu'on a pour elle en diminuënt,
cela glace tous les efprits pour elle ;
je ne parle point des cœurs ! car je
n'en ai que faire : mais on a befoin de
confideration dans la vie, elle dépend
de l'opinion qu'on-prend de vous ;
c'eft l'opinion qui nous donne tout,
qui nous ôte tout, au point, qu'après
ce qui m'arrive, fi je voulois me re
marier , je le fuppofe, à peine m'efti-
meroit-on quelque chofe , il ne feroit
plus flateur de maimer ; le Comte, s'il
fçavoit ce qui s'eft paffé, oüi le Comte, je fuis perfuadée qu'il ne voudroit
plus de moi.

LUBIN *derriere.*

Je ne ferois pas fi dégoûté.

LISETTE.

Et moi, Madame , je dis que le
Chevalier-eft un hipocrite, car fi fon
refus eft fi férieux, pourquoi n'a-t'il

pas voulu fervir Monfieur le Comte comme je l'en priois? Pourquoi m'a-t'il refufée durement, d'un air inquiet & piqué?

LA MARQUISE.

Qu'eft-ce que c'eft que d'un air piqué? Quoi? Que voulez-vous dire? Eft-ce qu'il étoit jaloux? en voici d'une autre efpece.

LISETTE.

Oüi, Madame, je l'ai cru jaloux : voilà ce que c'eft, il en avoit toute la mine. Monfieur s'informe comment le Comte eft auprès de vous, comment vous le recevez; on lui dit que vous fouffrez fes vifites, que vous ne le recevez point mal : point mal! dit-il avec dépit, ce n'eft donc pas la peine que je m'en mêle? Qui eft-ce qui n'auroit pas cru là-deffus qu'il fongeoit à vous pour lui-même? voilà ce qui m'avoit fait parler, moi : eh! que fçait-on ce qui fe paffe dans fa tête? peut-être qu'il vous aime!

LUBIN *derriere*

Il en eft bien capable.

LA MARQUISE.

Me voilà déroutée, je ne sçai plus comment regler ma conduite ; car il y en a une à tenir là dedans : j'ignore laquelle, & cela m'inquiete.

HORTENSIUS.

Si vous me le permettez, Madame, je vous apprendrai un petit axiôme qui vous fera sur la chose, d'une merveilleuse instruction, c'est que le jaloux veut avoir ce qu'il aime : or étant manifeste que le Chevalier vous refuse. . . . .

LA MARQUISE.

Il me refuse ! vous avez des expressions bien grossieres, votre axiôme ne sçait ce qu'il dit, il n'est pas encore sûr qu'il me refuse.

LISETTE.

Il s'en faut bien ; demandez au Comte ce qu'il en pense ?

LA MARQUISE.

Comment, est-ce que le Comte étoit present.

LISETTE.

Il n'y étoit plus ; je dis feulement qu'il croit que le Chevalier eſt ſon Rival.

LA MARQUISE.

Ce n'eſt pas aſſez qu'il le croye , ce n'eſt pas aſſez, il faut que cela ſoit; il n'y a que cela qui puiſſe me venger de l'affront preſque public que m'a fait ſa réponſe ; il n'y a que cela, j'ai beſoin pour réparations que ſon diſcours n'ait été qu'un dépit amoureux ; dépendre d'un dépit amoureux!cela n'eſt-il pas comique?aſſurement:Ce n'eſt pas que je me ſoucie de ce qu'on appelle la gloire d'une femme,gloire ſotte,ridicule, mais reçûë , mais établie qu'il faut ſoûtenir & qui nous pare ; les hommes penſent comme cela , il faut penſer comme les hommes, ou ne pas vivre avec eux ; où en ſuis-je donc ſi le Chevalier n'eſt point jaloux : l'eſt-il ? ne l'eſt-il point? on n'en ſçait rien, c'eſt un peut-être: mais cette gloire en ſouffre toute ſorte qu'elle eſt, & me voilà dans la triſte néceſſité d'être aimée d'un homme qui me déplaît ; le moyen de tenir à cela ; oh ! je n'en demeurerai pas-là, je n'en

demeurerai pas-là. Qu'en dites-vous,
Monsieur ? Il faut que la chose s'é-
claircisse absolument.

HORTENSIUS.

Le mépris seroit suffisant, Madame.

LA MARQUISE.

Eh ! non, Monsieur, vous me con-
seillez mal ; vous ne sçavez parler
que de Livres.

LUBIN.

Il y aura du bâton pour moi dans
cette affaire-là.

LISETTE *pleurant.*

Pour moi, Madame, je ne sçai pas
où vous prenez toutes vos allarmes,
on diroit que j'ai renversé le monde
entier. On n'a jamais aimé une Maîtresse autant que je vous aime : je
m'avise de tout, & puis il se trouve
que j'ai fait tous les maux imagina-
bles. Je ne sçaurois durer comme cela ; j'aime mieux me retirer, du moins
je ne verrai point votre tristesse, &
l'envie de vous en tirer ne me fera
point faire d'impertinence.

LA MARQUISE.

Il ne s'agit pas de vos larmes ; je
fuis compromife, & vous ne fçavez
pas jufqu'où cela va ; voilà le Chevalier qui vient, reftez, jai int. rêt d'avoir
des témoins.

SCENE VII.

LE CHEVALIER , les Acteurs précedens.

LE CHEVALIER.

VOus m'avez peut-être attendu,
Madame, & je vous prie de m'ex-
cufer, j'étois en affaire.

LA MARQUISE.

Il n'y a pas grand mal, Monfieur le
Chevalier , c'eft une lecture retardée,
voilà tout.

LE CHEVALIER.

J'ai cru d'ailleurs , que Monfieur
le Comte vous tenoit compagnie ; &
cela me tranquillifoit.

LUBIN *derriere.*

Ahi, ahi, je m'en fuis.

LA MARQUISE *examinant le Chevalier.*

On m'a dit que vous l'aviez vû, le Comte.

LE CHEVALIER.

Oüi, Madame.

LA MARQUISE *le regardant toûjours.*

C'est un fort honnête homme.

LE CHEVALIER.

Sans doute, & je le crois même d'un esprit très propre à consoler ceux qui ont du chagrin.

LA MARQUISE.

Il est fort de mes amis.

LE CHEVALIER.

Il est des miens aussi.

LA MARQUISE.

Je ne sçavois pas que vous le connussiez beaucoup ; il vient ici quelque

quefois, & c'eſt preſque le ſeul des amis de feu Monſieur le Marquis, que je voye encore ; il m'a paru mériter cette diſtinction-là, qu'en dites-vous?

LE CHEVALIER.

Oüi, Madame, vous avez raiſon, & je penſe comme vous ; il eſt digne d'être excepté.

LA MARQUISE *à Liſette, bas.*

Trouvez - vous cet homme-là jaloux, Liſette?

LE CHEVALIER *à part les premiers mots*

Monſieur le Comte & ſon mérite m'ennuye. (*à la Marquiſe.*) Madame, on a parlé d'une Lecture , & ſi je croyois vous déranger je me retirerois.

LA MARQUISE.

Puiſque la converſation vous ennuye, nous allons lire.

LE CHEVALIER.

Vous me faites un étrange compliment.

H

LA MARQUISE.

Point du tout, & vous allez être content. (*à Lisette*) Retirez-vous, Lisette, vous me déplaisez-là. (*à Hortensius.*) Et vous, Monsieur, ne vous écartez point, on va vous rappeller. (*au Chevalier*) Pour vous, Chevalier, j'ai encore un mot à vous dire avant notre lecture; il s'agit d'un petit éclaircissement qui ne vous regarde point, qui ne touche que moi, & je vous demande en grace de me répondre avec la derniere naïveté sur la question que je vais vous faire.

LE CHEVALIER.

Voyons, Madame, je vous écoute.

LA MARQUISE.

Le Comte m'aime, je viens de le sçavoir, & je l'ignorois.

LE CHEVALIER *ironiquement.*

Vous l'ignorez!

LA MARQUISE.

Je dis la verité, ne m'interrompez point.

LE CHEVALIER.

Cette verité-là est singuliere.

LA MARQUISE.

Je n'y sçaurois que faire, elle ne laisse pas que d'être; il est permis aux gens de mauvaise humeur de la trouver comme ils voudront.

LE CHEVALIER.

Je vous demande pardon, d'avoir dit ce que j'en pense : continuons.

LA MARQUISE *impatiente.*

Vous m'impatientez ! aviez-vous cet esprit-là avec Angelique ? Elle auroit dû ne vous aimer gueres.

LE CHEVALIER.

Je n'en avois point d'autre, mais il étoit de son goût, & il a le malheur de n'être pas du vôtre; cela fait une grande difference.

LA MARQUISE.

Vous l'écoutiez donc quand elle vous parloit; écoutez-moi aussi. Lisette vous a priée de me parler pour le Comte, vous ne l'avez point voulu.

H ji

LE CHEVALIER.

Je n'avois garde ; le Comte est un
Amant , vous m'aviez dit que vous
ne les aimiez point : mais vous êtes la
Maîtresse.

LA MARQUISE.

Non je ne la suis point ; peut-on,
à votre avis, répondre à l'amour d'un
homme qui ne vous plaît pas? Vous
êtes bien particulier!

LE CHEVALIER *riant.*

Hé, hé, hé, j'admire la peine que
vous prenez pour me cacher vos sentimens ; vous craignez que je ne les
critique, après ce que vous m'avez
dit ; mais non , Madame ne vous
gênez point ; je sçai combien il vaut
de compter avec le cœur humain, &
je ne vois rien-là que de fort ordinaire.

LA MARQUISE *en colere.*

Non, je n'ai de ma vie eu tant d'envie de quereller quelqu'un, adieu.

LE CHEVALIER *la retenant.*

Ah ! Marquise, tout ceci n'est que

converſation, & je ſerois au déſeſeſpoir de vous chagriner; achevez de grace.

LA MARQUISE.

Je reviens. Vous êtes l'homme du monde le plus eſtimable, quand vous voulez ; & je ne ſçai par quelle fatalité vous ſortez aujourd'hui d'un caractere naturellement doux & raiſonnable : laiſſez-moi finir. . . . . je ne ſçai plus où j'en ſuis.

LE CHEVALIER.

Au Comte qui vous déplaît.

LA MARQUISE.

Eh bien, ce Comte qui me déplaît, vous n'avez pas voulu me parler pour lui ; Liſette s'eſt même imaginée vous voir un air piqué.

LE CHEVALIER.

Il en pouvoit être quelque choſe.

LA MARQUISE.

Paſſe pour cela, c'eſt répondre , & je vous reconnois : ſur cet air piqué , elle a penſé que je ne vous déplaiſois pas.

LE CHEVALIER *saluë en riant.*

Cela n'eſt pas difficile à penſer.

LA MARQUISE.

Pourquoi ? on ne plaît pas à tout le monde ; or comme elle a crû que vous me conveniez, elle vous a pro-poſé ma main, comme ſi cela dépen-doit d'elle, & il eſt vrai que ſouvent je lui laiſſe aſſez de pouvoir ſur moi ; vous vous êtes, dit-elle, revolté avec dédain contre la propoſition.

LE CHEVALIER.

Avec dédain ? voilà ce qu'on ap-pelle du fabuleux, de l'impoſſible.

LA MARQUISE.

Doucement, voici ma queſtion : avez-vous rejetté l'offre de Liſette, comme piqué de l'amour du Comte, ou comme une choſe qu'on rebute ? étoit ce dépit jaloux ? Car enfin, mal-gré nos conventions, votre cœur auroit pû être tenté du mien : ou bien étoit-ce vrai dédain ?

LE CHEVALIER

Commençons par rayer ce der-

nier, il est incroyable ; pour de la jalousie......

LA MARQUISE.

Parlez hardiment.

LE CHEVALIER *d'un air embarassé.*

Que diriez-vous, si je m'avisois
d'en avoir?

LA MARQUISE.

Je dirois .... que vous seriez jaloux.

LE CHEVALIER.

Oüi, mais Madame me pardonne-
riez-vous ce que vous haïssez tant.

LA MARQUISE.

Vous ne l'étiez donc point? (*Elle
le regarde*) Je vous entends, je l'avois
bien prévû, & mon injure est averée.

LE CHEVALIER.

Que parlez-vous d'injure ? où est-
elle? est-ce que vous êtes fâchée contre moi ?

LA MARQUISE.

Contre vous, Chevalier, non certes,& pourquoi me fâcherois-je? vous ne m'entendez point, c'eft à l'impertinente Lifette à qui j'en veux ; je n'ai point de part à l'offre qu'elle vous a faite, & il a fallu vous l'apprendre, voilà tout ; d'ailleurs ayez de l'indifference ou de la haine pour moi, que m'importe ? j'aime bien mieux cela que de l'amour, au moins, ne vous y trompez pas.

LE CHEVALIER.

Qui moi, Madame, m'y tromper eh, ce font ces difpofitions là dans lefquelles je vous ai vûe, qui m'ont attaché à vous ; vous le fçavez bien, & depuis que j'ai perdu Angelique, j'oublierois prefque qu'on peut aimer, fi vous ne m'en parliez pas.

LA MARQUISE.

Oh! pour moi j'en parle fans m'en reffouvenir. Allons, Monfieur Hortenfius, approchez, prenez votre place, lifez-moi quelque chofe de gai, qui m'amufe.

SCENE VIII.

HORTENSIUS, & les Aĉeurs
précedens.

LA MARQUISE.

CHevalier , vous êtes le Maître
de rester , si ma lecture vous convient , mais vous êtes bien triste & je
veux tâcher de me dissiper.

LE CHEVALIER *serieux*

Pour moi, Madame, je n'en suis
point encore aux lectures amusantes.
(*Il s'enva.*)

LA MARQUISE *à Hortensius quand il est parti.*

Qu'est-ce que c'est que votre Livre ?

HORTENSIUS.

Ce ne sont que des reflexions très
sérieuses.

I

LA MARQUISE.

Eh bien, que ne parlez-vous donc, vous êtes bien taciturne, pourquoi laisser sortir le Chevalier, puisque ce que vous allez lire lui convient?

HORTENSIUS *appelle le Chevalier*.

Monsieur le Chevalier! Monsieur le Chevalier!

LE CHEVALIER *reparoît*.

Que me voulez vous?

HORTENSIUS.

Madame vous prie de revenir, je ne lirai rien de récréatif.

LA MARQUISE.

Que voulez-vous dire? Madame vous prie : je ne prie point ; vous avez des reflexions.... & vous rappellez Monsieur, voilà tout.

LE CHEVALIER.

Je m'apperçois, Madame, que je faisois une impolitesse de me retirer, & je vais rester si vous le voulez bien?

LA MARQUISE.

Comme il vous plaira ; aſſoyons-nous donc. (*Ils prennenc des ſieges.*)

HORTENSIUS *après avoir touſſé, craché, lit.*

» La raiſon eſt d'un prix à qui tout
» cede ; c'eſt elle qui fait notre vérita-
» ble grandeur ; on a neceſſairement
» toutes les vertus avec elle , enfin le
» plus reſpectable de tous les hom-
» mes, ce n'eſt pas le plus puiſſant,
» c'eſt le plus raiſonnable.

LE CHEVALIER *s'agicant ſur ſon ſiege.*

Ma foi ſur ce pied là , le plus reſpectable de tous les hommes, a tout l'air
de n'être qu'une chimère , quand je
dis les hommes, j'entens tout le monde.

LA MARQUISE.

Mais dumoins y a t'il des gens qui
ſont plus raiſonnables les uns que les
autres.

LE CHEVALIER.

Hum ! diſons qui ont moins de fo-
lie , cela ſera plus ſûr.

LA MARQUISE.

Eh! de grace, laiſſez-moi un peu de raiſon, Chevalier, je ne ſaurois convenir que je ſuis folle, par éxemple....

LE CHEVALIER.

Vous, Madame, eh! n'êtes-vous pas exceptée, cela s'en va ſans dire, & c'eſt la regle.

LA MARQUISE.

Je ne ſuis point tentée de vous remercier; pourſuivons.

HORTENSIUS *lit.*

» Puiſque la raiſon eſt un ſi grand
» bien, n'oublions rien pour la conſer-
» ver, fuyons les paſſions qui nous la
» dérobent; l'amour eſt une de celles...

LE CHEVALIER.

L'amour, l'amour ôte la raiſon? cela n'eſt pas vrai; je n'ai jamais été plus raiſonnable que depuis que j'en ai pour Angélique, & j'en ai exceſſi-vement.

LA MARQUISE.

Vous en aurez tant qu'il vous plai-

rá, ce font vos affaires, & on ne vous
en demande pas le compte ; mais
l'Auteur n'a point tant de tort, je
connois des gens , moi, que l'amour
rend bourus & fauvages,& ces défauts
là n'embelliffent perfonne , je penfe.

HORTENSIUS.

Si Monfieur, me donnoit la licencé
de parachever , peut-être que....

LE CHEVALIER.

Petit Auteur que cela, efprit fuperficiel....

HORTENSIUS *fe levant.*

Petit Autheur, efprit fuperficiel!
un home qui cite Seneque pour ga-
rant de ce qu'il dit, ainfi que vous le
verrez plus bas, *folio* 14. Chapitre V.

LE CHEVALIER.

Fuffe Chapitre mille, Seneque ne
fçait ce qu'il dit.

HORTENSIUS.

Cela eft impoffible.

LA MARQUISE *riant.*
En verité cela me divertit plus que

l iij

ma lecture , mais Monsieur Hortensius, en voilà assez , votre Livre ne
plaît point au Chevalier, n'en lisons
plus , une autre fois nous serons plus
heureux.

LE CHEVALIER.

C'est votre goût,Madame , qui doit
décider.

LA MARQUISE.

Mon goût veut bien avoir cette
complaisance là pour le vôtre.

HORTENSIUS *s'en allant.*

Seneque un petit Auteur! Par Ju-
piter! si je le disois, je croirois faire un
blasphême litteraire , adieu Monsieur.

LE CHEVALIER.

Serviteur , serviteur.

SCENE IX.

LE CHEVALIER, LA MARQUISE.

LA MARQUISE.

Vous voilà broüillé avec Hortenfius, Chevalier, dequoi vous
avifez vous auffi, de médire de Seneque?

LE CHEVALIER.

Seneque & fon défenfeur ne m'in-
quietent pas, pourvû que vous ne pre-
niez pas leur parti, Madame.

LA MARQUISE.

Ah! je demeurerai neutre, fi la
querelle continuë, car je m'imagine
que vous ne voudrez pas la recom-
mencer ; nos occupations vous en-
nuyent, n'eft il pas vrai?

LE CHEVALIER.

Il faut être plus tranquile que je ne
fuis, pour réüffir à s'amufer.

LA MARQUISE.

Ne vous gênez point, Chevalier; vivons sans façon; vous voulez peut-être, être seul, adieu, je vous laisse.

LE CHEVALIER.

Il n'y a plus de situation qui ne me soit à charge.

LA MARQUISE.

Je voudrois de tout mon cœur pouvoir vous calmer l'esprit.

(*Elle part lentement.*)

LE CHEVALIER *pendant qu'elle marche.*

Ah! je m'atendois à plus de repos quand j'ai rompu mon voyage, je ne ferai plus de projets, je vois bien que je rebute tout le monde.

LA MARQUISE *s'arrêtant au milieu du Théatre.*

Ce que je lui entens dire là me touche, il ne seroit pas généreux de le quitter dans cet état là (*elle revient.*) Non Chevalier, vous ne me rebutez point; ne cedez point à votre douleur: tantôt vous partagiez mes chagrins;

vous étiez fenfible à la part que je
prenois aux vôtres, pourquoi n'êtes-
vous plus de même? C'eſt cela qui me
rebuteroit, par éxemple, car la véritable amitié veut qu'on faſſe quelque
choſe pour elle, elle veut confoler.

LE CHEVALIER.

Auſſi auroit-elle bien du pouvoir
fur moi : ſi je la trouvois, perſonne
au monde n'y feroit plus fenſible; j'ai
le cœur fait pour elle, mais où eſt-
elle? je m'imaginois l'avoir trouvée,
me voilà détrompé, & ce n'eſt pas
fans qu'il en coûte à mon cœur!

LA MARQUISE.

Peut-on de reproche plus injuſte
que celui que vous me faites! dequoi
vous plaignez-vous? voyons; d'une
choſe que vous avez renduë neceſſai-
re: une étourdie vient vous propoſer
ma main, vous y avez de la répugnance, à la bonne heure, ce n'eſt point
là ce qui me choque; un homme qui
a aimé Angélique peut trouver les
autres femmes bien inférieures, elle
a dû vous rendre les yeux très difficil-
les, & d'ailleurs tout ce qu'on appelle
vanité là-deſſus, je n'en fuis plus.

LE CHEVALIER.

Ah! Madame, je regrette Angélique, mais vous m'en auriez confolé,
fi vous avez voulu.

LA MARQUISE.

Je n'en ai point de preuve car
cette répugnance dont je ne me
plains point, falloit-il la marquer
ouvertement? Reprefentez-vous cette action là de fang froid; vous êtes
galant homme, jugez-vous, où eft
l'amitié, dont vous parlez? car encore une fois, ce n'eft pas de l'amour
que je veux, vous le fçavez bien;
mais l'amitié n'a-t'elle par fes fentimens, fes délicateffes? l'amour eft
bien tendre, Chevalier, eh bien,
croyez qu'elle menage avec encore
plus de fcrupule que lui, les interêts
de ceux qu'elle unit enfemble? voilà
le portrait que je m'en fuis toujours
fait, voilà comme je la fens, & comme
vous auriez dû la fentir: il me femble
que l'on n'en peut rien rabattre &
vous n'en connoiffez pas les devoirs
comme moi, qu'il vienne quelqu'un
me propofer votre main, par exemple, & je vous aprendrai comme on
répond là deffus.

LE CHEVALIER.

Oh! je fuis fûr que vous y feriez
plus embaraffée que moi, car enfin
vous n'accepteriez point la propofi-
tion.

LA MARQUISE.

Nous n'y fommes pas, ce quelqu'un n'eft pas venu, & ce n'eft que
pour vous dire, combien je vous me-
nagerois: cependant vous vous plai-
gnez.

LE CHEVALIER.

Eh morbleu, Madame, vous m'a-
vez parlez de répugnance, & je ne
fçaurois vous fouffrir cette idée là,
tenez je trancherai tout d'un coup
là deffus; fi je n'aimois pas Angelique, qu'il faut bien que j'oublie,
vous n'auriez qu'une chofe à craindre
avec moi, qui eft que mon amitié ne
devînt amour, & raifonnablement il
n'y auroit que cela à craindre non
plus; c'eft là toute la répugnance que
je me connois.

LA MARQUISE.

Ah! pour cela, s'en feroit trop,

il ne faut pas, Chevalier, il ne faut
pas.

LE CHEVALIER.

Mais ce seroit vous rendre justice ;
d'ailleurs, d'où peut venir le refus
dont vous m'accusez ; car enfin étoit-
il naturel ? C'est que le Comte vous
aimoit, c'est que vous le souffriez ;
j'étois outré de voir cette amour venir traverser un attachement, qui devoit faire toute ma consolation ; mon
amitié n'est point compatible avec
cela, ce n'est point une amitié faite
comme les autres.

LA MARQUISE.

Eh bien, voilà qui change tout,
je ne me plains plus, je suis contente ;
ce que vous me dites là, je l'éprouve,
je le sens, c'est là précisément l'amitié que je demande, la voilà, c'est la
véritable, elle est délicate, elle est jalouse, elle a droit de l'être ; mais que
ne me parliez-vous ? que n'êtes-vous
venu me dire : qu'est-ce que c'est que
le Comte ? que fait-il chez-vous ? je
vous aurois tiré d'inquiétude, & tout
cela ne seroit point arrivé.

LE CHEVALIER,

Vous ne me verrez point faire d'inclination, à moi, je n'y songe point
avec vous.

LA MARQUISE.

Vraiement je vous le défends bien,
ce ne sont pas là nos conditions, &
je serois jalouse aussi, moi, jalouse
comme nous l'entendons.

LE CHEVALIER,

Vous, Madame?

LA MARQUISE.

Est-ce que je ne l'étois pas de cette façon là tantôt; votre réponse à Lisette n'avoit-elle pas dû me cho-
quer?

LE CHEVALIER.

Vous m'avez pourtant dit de cruel-
les choses.

LA MARQUISE.

Eh! à qui en dit-on, si ce n'est aux
gens qu'on aime, & qui semblent n'y
pas répondre?

LE CHEVALIER.

Dois-je vous en croire ? que vous me tranquilisez, ma chere Marquise !

LA MARQUISE.

Ecoutez, je n'avois pas moins besoin de cette explication là que vous.

LE CHEVALIER.

Que vous me charmez ! que vous me donnez de joye !

(Il lui baise la main.)

LA MARQUISE *riant.*

On le prendroit pour mon Amant, de la maniere dont il me remercie.

LE CHEVALIER.

Ma foi, je défie un Amant de vous aimer plus que je fais, je n'aurois jamais crû que l'amitié allât si loin, cela est surprenant, l'amour est moins vif.

LA MARQUISE.

Et cependant il n'y a rien de trop.

LE CHEVALIER.

Non il n'y a rien de trop, mais il me reste une grace à vous de-

-mander. Gardez vous Hortenſius ? je
crois qu'il eſt fâché de me voir ici, &
je ſçai lire auſſi bien que lui.

LA MARQUISE.

Eh bien, Chevalier, il faut le renvoyer ; voilà toute la façon qu'il faut
y faire.

LE CHEVALIER.

Et le Comte, qu'en ferons-nous ?
il m'inquiete un peu.

LA MARQUISE.

On le congediera auſſi ; je veux que
vous ſoyiez content, je veux vous
mettre en repos ; donnez-moi la main,
je ferois bien aiſe de me promener
dans le jardin.

LE CHEVALIER.

Allons, Marquiſe.

Fin du ſecond Aĉte.

ACTE TROISIE'ME.

SCENE PREMIERE.

HORTENSIUS *seul.*

N'Est-ce pas une chose étrange , qu'un homme comme moi n'ait point de fortune. Posseder le Grec , & le Latin, & ne pas posseder dix Pistoles ! O divin Homere ! ô Virgile ! & vous gentil Anacréon ! vos doctes Interprêtes ont de la peine à vivre ; bientôt je n'aurai plus d'asyle ; j'ai vû la Marquise irritée contre le Chevalier ; mais incontinent je l'ai vûë dans le Jardin discourir avec lui de la maniere la plus benevole. Quels solecismes de conduite ! Est-ce que l'amour m'expulseroit d'ici ?

SCENE

SCENE. II.

HORTENSIUS, LISETTE, LUBIN.

LUBIN *gaillardement.*

Tiens, Lisette, le voilà bien à propos pour lui faire nos adieux. Ah, ah, ah (*en riant.*)

HORTENSIUS.

A qui en veut cet étourdi-là ? avec son transport de joie.

LUBIN.

Allons, gay, camarade Docteur , comment va la Philosophie ?

HORTENSIUS.

Pourquoi me faites - vous cette question-là ?

LUBIN.

Ma foi, je n'en sçai rien , si ce n'est pour entrer en conversation.

K

LISETTE.

Allons, allons, venons au fait.

LUBIN.

Encore un petit mot, Docteur; n'avez-vous jamais couché dans la ruë ?

HORTENSIUS.

Que signifie ce discours ?

LUBIN.

C'est que cette nuit vous en aurez le plaisir : le vent de Bise vous en dira deux mots.

LISETTE.

N'amusons point davantage, Monsieur Hortensius: tenez, Monsieur, voilà de l'or que Madame m'a chargé de vous donner, moyennant quoi, comme elle prend congé de vous, vous pouvez prendre congé d'elle. A mon égard, je saluë votre Erudition, & je suis votre très-humble Servante. (*Elle lui fait la reverence.*)

LUBIN.*

Et moi votre Serviteur.

* *A la premiere representation.* Attendez j'ai de mon côté une petite reverence à vous faire, & la voilà. *Il lui fait la reverence.* Si vous ne me la rendez pas, je vous la donne.

HORTENSIUS.

Quoi, Madame me renvoye?

LISETTE.

Non pas, Monsieur, elle vous prie seulement de vous retirer.

LUBIN.

Et vous qui êtes honnête, vous ne refuserez rien aux prieres de Madame.

HORTENSIUS.

Sçavez-vous la raison de cela, Mademoiselle Lisette?

LISETTE.

Non : mais en gros je soupçonne que cela pourroit venir de ce que vous l'ennuyez.

LUBIN.

Et en détail, de ce que nous sommes bien aises de nous aimer en paix en dépit de la Philosophie que vous avez dans la tête.

LISETTE.

Tais-toi.

HORTENTSIUS.

J'entens , c'est que Madame la
Marquise & Monsieur le Chevalier
ont de l'inclination l'un pour l'autre.

LISETTE.

Je n'en sçai rien, ce ne sont pas mes
affaires.

LUBIN.

Eh bien tout coup vaille, quand
ce seroit de l'inclination , quand ce
seroit des passions, des soupirs, des
flames, & de la nôce après ; il n'y a
rien de si gaillard ; on a un cœur, on
s'en sert , cela est naturel.

LISETTE *à Lubin.*

Finis tes sotises. (*A Hortensius.*)
Vous voilà averti , Monsieur, je croi
que cela suffit.

LUBIN.

Adieu , touchez-là, & partez fer-
me ; il n'y aura pas de mal à doubler
le pas.

HORTENTIUS.

Dites à Madame que je me con-
formerai à ses ordres.

SCENE III.

LISETTE, LUBIN.

LISETTE.

ENfin , le voilà congedié , c'est pourtant un Amant que je perds.

LUBIN.

Un Amant! Quoi, ce vieux radoteur t'aimoit ?

LISETTE.

Sans doute ; il vouloit me faire des argumens.

LUBIN.
Hum !

LISETTE.

Des argumens, te dis-je , mais je les ai fort bien repoussés avec d'autres.

LUBIN.

Des Argumens ! voudrois tu bien m'en pousser un pour voir ce que c'est ?

LISETTE.

Il n'y a rien de si aisé. Tiens, en voilà un ; tu es un joli garçon , par exemple.

LUBIN.

Cela est vrai.

LISETTE.

J'aime tout ce qui est joli , ainsi je t'aime : c'est-là ce que l'on appelle un argument.

LUBIN.

Pardi tu n'as que faire du Docteur pour cela, je t'en ferai aussi-bien qu'un autre. Gageons un petit baiser que je t'en donne une douzaine.

LISETTE.

Je gagerai quand nous serons mariés , parce que je serai bien aise de perdre.

LUBIN.

Bon ! quand nous serons mariés ; j'aurai toûjours gagné sans faire de gageure.

LISETTE.

Paix, j'entends quelqu'un qui vient, je croi que c'eſt Monſieur le Comte ; Madame m'a chargé d'un compliment pour lui, qui ne le réjoüira pas.

SCENE IV.

LE COMTE, LISETTE, LUBIN.

LE COMTE *d'un air émû.*

Bonjour, Liſette ; je viens de rencontrer Hortenſius, qui m'a dit des choſes bien ſingulieres. La Marquiſe le renvoye, à ce qu'il dit, parce qu'elle aime le Chevalier, & qu'elle l'épouſe. Cela eſt-il vrai ? Je vous prie de m'inſtruire. . . . . .

LISETTE.

Mais, Monſieur le Comte, je ne crois pas que cela ſoit, & je n'y vois pas encore d'apparence : Hortenſius lui déplaît, elle le congedie ; voilà tout ce que j'en puis dire.

LE COMTE à *Lubin*.

Et toi n'en sçais-tu pas davantage ?

LUBIN.

Non , Monsieur le Comte, je ne sçai que mon amour pour Lisette : voilà toutes mes nouvelles.

LISETTE.

Madame la Marquise est si peu disposée à se marier, qu'elle ne veut pas même voir d'Amans ; elle m'a dit de vous prier de ne point vous obstiner à l'aimer.

LE COMTE.

Non plus qu'à la voir, sans doute ?

LISETTE.

Mais je crois que cela revient au même.

LUBIN.

Oüi , qui dit l'un , dit l'autre.

LE COMTE.

Que les femmes sont inconcevables ! le Chevalier est ici, apparemment ?   LISETTE.

LISETTE.

Je crois qu'oüi.

LUBIN.

Leurs fentimens d'amitié ne permettent pas qu'ils fe féparent.

LE COMTE.

Ah ! avertiffez, je vous prie, le Chevalier que je voudrois lui dire un mot.

LISETTE.

J'y vais de ce pas, Monfieur le Comte. (*Lubin fort avec Lifette en faluant le Comte.*)

SCENE V.

LE COMTE *feul.*

QU'eft-ce que cela fignifie ? Eft-ce de l'amour qu'ils ont l'un pour l'autre ? le Chevalier va venir, interrogeons fon cœur pour en tirer la verité. Je vais me fervir d'un ftratagême qui, tout commun qu'il eft, ne laiffe pas fouvent que de réüffir,

L

SCENE VI.

LE CHEVALIER, LE COMTE.

LE CHEVALIER.

ON m'a dit que vous me deman-
diez; puis-je vous rendre quelque service, Monfieur.

LE COMTE.

Oüi, Chevalier, vous pouvez ve-
ritablement m'obliger.

LE CHEVALIER.
Parbleu, fi je le puis, cela vaut fait.

LE COMTE.

Vous m'avez dit que vous n'aimiez
pas la Marquife.

LE CHEVALIER.

Que dites-vous là ? Je l'aime de
tout mon cœur.

LE COMTE.

J'entends que vous n'aviez point
d'amour pour elle.

LE CHEVALIER.

Ah ! c'est une autre affaire, & je me suis expliqué là-dessus.

LE COMTE.

Je le sçai, mais êtes-vous dans les mêmes sentimens ? ne s'agit-il point à présent d'amour absolument ?

LE CHEVALIER *riant.*

Eh ! mais, en verité, par où jugez-vous qu'il y en ait ? Qu'e-ce que c'est que cette idée-là ?

LE COMTE.

Moi, je n'en juge point ; je vous le demande.

LE CHEVALIER.

Hum ! vous avez pourtant la mine d'un homme qui le croit.

LE COMTE.

Eh bien, débarrassez-vous de cela ; dites-moi oüi ou non.

LE CHEVALIER *riant.*

Eh, eh, Monsieur le Comte, un homme d'esprit comme vous, ne dois

L ij

point faire de chicane sur les mots ;
le oüi & le non , qui ne se sont point
presentés à moi , ne valent pas mieux
que le langage que je vous tiens; c'est
la même chose assurement ; il y a entre la Marquise & moi une amitié, &
des sentimens vraiement respectables:
êtes-vous content? cela est-il net ?
voilà du François.

LE COMTE.

(*à part.*) Pas trop.....on ne sçauroit mieux dire,& j'ai tort, mais il faut
pardonner aux Amans , ils se méfient
de tout.

LE CHEVALIER.

Je sçai ce qu'ils sont par mon expe-
rience. Revenons à vous & à vos
amours, je m'interesse beaucoup à ce
qui vous regarde ; mais n'allez pas
encore empoisonner ce que je vais
vousdire; ouvrez-moi votre cœur,
Est-ce que vous voulez continuer
d'aimer la Marquise?

LE COMTE.

Toûjours.

LE CHEVALIER.

Entre nous, il est étonant que vous

ne vous laffiez point de fon indifference. Parbleu, il faut quelques fentimens dans une femme ; vous haït-
elle ? on combat fa haine ; ne lui dé-
plaifez - vous pas ? on efpere ; mais
une femme qui ne répond rien, comment fe conduire avec elle ? par où
prendre fon cœur ? un cœur, qui ne
fe remuë, ni pour, ni contre ; qui n'eft
ni ami, ni ennemi, qui n'eft rien, qui
eft mort, le reffufcite-t'on ? je n'en
crois rien : & c'eft pourtant ce que
vous voulez faire.

LE COMTE *finement.*

Non, non, Chevalier, je vous
parle confidemment, à mon tour. Je
n'en fuis pas tout-à-fait réduit à une
entreprife fi chimerique, & le cœur
de la Marquife n'eft pas fi mort que
vous le penfez, m'entendez - vous ?
vous êtes diftrait.

LE CHEVALIER.

Vous vous trompez, je n'ai jamais
eu plus d'attention.

LE COMTE.

Elle fçavoit mon amour, je lui en
parlois, elle écoutoit.

L iiij

LE CHEVALIER.

Elle écoutoit ?

LE COMTE.

Oüi, je lui demandois du retour.

LE CHEVALIER.

C'eſt l'uſage ; & à cela quelle réponſe ?

LE COMTE.

On me diſoit de l'attendre.

LE CHEVALIER.

C'eſt qu'il étoit tout venu.

LE COMTE.

(*à part.*) Il l'aime ... ... cependant
aujourd'hui elle ne veut pas me voir,
j'attribuë cela à ce que j'avois été
quelques jours ſans paroître , avant
que vous arrivaſſiez; la Marquiſe eſt la
femme de France la plus fiere.

LE CHEVALIER.

Ah! je la trouve paſſablement hu-
miliée d'avoir cette fierté-là.

LE COMTE.

Je vous ai prié tantôt de me racom-

moder avec elle, & je vous en prie
encore.

LE CHEVALIER.

Eh! vous vous m'ocquez, cette
Femme-là vous adore.

LE COMTE.

Je ne dis pas cela.

LE CHEVALIER.

Et moi qui ne m'en soucie gueres,
je le dis pour vous.

LE COMTE.

Ce qui m'en plaît, c'est que vous
le dites sans jalousie.

LE CHEVALIER.

Oh parbleu! si cela vous plaît, vous
êtes servi à souhait, car je vous dirai
que j'en suis charmé, que je vous en
felicite, & que je vous embrasserois
volontiers.

LE COMTE.

Embrassez donc mon cher.

LE CHEVALIER.

Ah ce n'est pas la peine, il me suffit

de m'en rejoüir ; ſincerement, & je
vais vous en donner des preuves qui
ne ſeront point équivoques.

LE COMTE.

Je voudrois bien vous en donner
de ma reconnoiſſance, moi, & ſi vous
êtiez d'humeur à accepter celle que
j'imagine, ce ſeroit alors que je ſerois bien ſûr de vous. A l'égard de la
Marquiſe. . . . .

LE CHEVALIER

Comte finiſſons : vous autres
Amans vous n'avez que votre amour
& ſes interêts dant la tête, & toutes
ces folies-là n'amuſent point les autres : parlons d'autre choſe, de quoi
s'agit-il ?

LE COMTE.

Dites-moi, mon cher, auriez vous
renoneé au mariage.

LE CHEVAIIER.

Oh parbleu ! c'en eſt trop : faut-il
que j'y renonce pour vous mettre en
repos? non Monſieur, je vous demande grace pour ma Poſterité, s'il vous
plaît. Je n'irai point ſur vos briſées,

mais qu'on me trouve un parti convenable, & demain je me marie ; &
qui plus eft, c'eft que cette Marquife
qui ne vous fert pas de l'efprit, tenez
je m'engage à la prier de la Fête.

LE COMTE.

Ma foi, Chevalier, vous me ravif-
fez, je fens bien que j'ai affaire au
plus franc de tous les hommes ; vos
difpofitions me charment. Mon cher
ami, continuons, vous connoiffez ma
fœur ; que penfez vous d'elle ?

LE CHEVALIER.

Ce que j'en penfe?... votre quef-
tion me fait reffouvenir qu'il y a long-
tems que je ne l'ai vûë, & qu'il faut
que vous me préfentiez à elle.

LE COMTE.

Vous m'avez dit cent fois qu'elle
étoit digne d'être aimée du plus honnête homme ; on l'eftime, vous connoiffez fon bien, vous lui plairez
j'en fuis fûr ; & fi vous ne voulez
qu'un parti convenable ; en voilà
un.

LE CHEVALIER.

En voilà un... vous avez raifon...

oüi... votre idée eſt admirable; elle eſt amie de la Marquiſe, n'eſt-ce pas?

LE COMTE.

Je croi qu'oüi.

LE CHEVALIER.

Allons, cela eſt bon, & je veux que ce ſoit moi qui lui annonce la choſe; je croi que c'eſt ellequi entre, retirez-vous pour quelque moment dans ce Cabinet; vous allez voir ce qu'un Rival de mon eſpece eſt capable de faire, & vous paroîtrez quand je vous appellerai: partez, point de remerciment, un jaloux n'en merite point.

SCENE VII.

LE CHEVALIER *ſeul.*

PArbleu, Madame, je ſuis donc cet ami qui devoit vous tenir lieu de tout; vous m'avez joüé, femme que vous êtes; mais vous allez voir combien je m'en ſoucie.

SCENE VIII.

LA MARQUISE, LE CHEVALIER.

LA MARQUISE.

LE Comte, dit-on, étoit avec vous, Chevalier? vous avez été bien long-tems ensemble, dequoi donc étoit-il question?

LE CHEVALIER *sérieusement.*

De pures visions de sa part, Marquise, mais des visions qui m'ont chagriné, parce qu'elles vous interessent, & dont la premiere a d'abord été de me demander si je vous aimois.

LA MARQUISE.

Mais je croi que cela n'est pas douteux.

LE CHEVALIER.

Sans difficulté; mais prenez garde, il parloit d'amour, & non pas d'amitié.

LA MARQUISE.

Ah ! il parloit d'amour?. il est bien curieux : à votre place, je n'aurois pas seulement voulu les distinguer : qu'il devine.

LE CHEVALIER.

Non pas, Marquise, il n'y avoit pas moyen de joüer là dessus, car il vous enveloppoit dans ses soupçons, & vous faisoit pour moi le cœur plus tendre que je ne mérite ; vous voyez bien que cela étoit sérieux, il falloit une réponse décisive, aussi l'ai-je faite, & l'ai bien assuré qu'il se trompoit, & qu'absolument il ne s'agissoit point d'amour entre nous deux, absolument.

LA MARQUISE.

Mais croyez-vous l'avoir persuadé, & croyez-vous lui avoir dit cela d'un ton bien vrai, du ton d'un homme qui le sent ?

LE CHEVALIER.

Oh ! ne craignez rien : je l'ai dit de l'air dont on dit la verité : comment donc ; je serois très fâché à cause de

vous que le commerce de notre amitié rendît vos sentimens équivoques ;
mon attachement pour vous est trop
délicat, pour profiter de l'honneur
que cela me feroit ; mais j'y ai mis
bon ordre, & cela par une chose tout
à fait imprevûë, vous connoissez sa
sœur, elle est riche, très aimable, &
de vos amies même.

LA MARQUISE.

Assez médiocrement.

LE CHEVALIER.

Dans la joye qu'il a eu de perdre ses
soupçons, le Comte me l'a propo-
sée, & comme il y a des instants &
des réflexions qui nous déterminent
tout d'un coup, ma foi j'ai pris mon
parti ; nous sommes d'accord & je dois
l'épouser. Ce n'est pas là tout, c'est
que je me suis encore chargé de vous
parler en faveur du Comte ; & je vous
en parle du mieux qu'il m'est possi-
ble ; vous n'aurez pas le cœur inexo-
rable, & je ne crois pas la proposition
fâcheuse.

LA MARQUISE *froidement.*

Non, Monsieur, je vous avouë que

le Comte ne m'a jamais déplû.

LE CHEVALIER.

Ne vous a jamais déplû! c'est fort bien fait. Mais pourquoi donc m'avez vous dit le contraire?

LA MARQUISE.

C'est que je voulois me le cacher à moi-même, & il l'ignore aussi.

LE CHEVALIER.

Point du tout, Madame, car il vous écoute.

LA MARQUISE.

Lui.

SCENE IX.

LA MARQUISE, LE CHEVALIER, LE COMTE.

LE COMTE.

J'Ai suivi les Conseils du Chevalier, Madame; permettez que mes transports vous marquent la joye où je suis,

(*Il se jette aux genoux de la Marquise.*)

LA MARQUISE.

Levez-vous, Comte, vous pouvez esperer.

LE COMTE.

Que je suis heureux ! & toi, Chevalier, que ne te dois je pas ? mais Madame, achevez de me rendre le plus
content de tous les hommes. Chevalier, joignez vos Prieres aux mien-
nes.

LE CHEVALIER, *d'un air agité.*

Vous n'en avez pas besoin, Monsieur, j'avois promis de parler pour
vous; j'ai tenu parole, je vous laisse
ensemble, je me retire (*à part.*) je me
meurs.

LE COMTE.

J'irai te retrouver chez toi,

SCENE X.

LA MARQUISE, LE COMTE.

LE COMTE.

MAdame; il y a long-tems que mon cœur est à vous; consentez à mon bonheur, que cette avanture-ci vous détermine: souvent il n'en faut pas davantage. J'ai ce soir affaire chez mon Notaire, je pourrois vous l'amener ici, nous y souperions avec ma sœur qui doit venir vous voir; le Chevalier s'y trouveroit; vous verriez ce qu'il vous plairoit de faire; des articles sont bientôt passés; & ils n'engagent qu'autant qu'on veut: ne me refusez pas; je vous en conjure.

LA MARQUISE.

Je ne sçaurois vous répondre, je me sens un peu indisposée; laissez moi me reposer, je vous prie.

LE COMTE.

Je vais toujours prendre les mesures
qui

qui pourront vous engager à m'assu-
rer vos bontés.

SCENE XI.

LA MARQUISE, *seule.*

AH! je ne sçai où j'en suis; respi-
rons, d'où vient que je soupire;
les larmes me coulent des yeux; je me
sens saisie de la tristesse la plus profon-
de, & je ne sçai pourquoi. Qu'ai-je
affaire de l'amitié du Chevalier? l'in-
grat qu'il est, il se marie : l'infidelité
d'un Amant ne me toucheroit point,
celle d'un ami me désespere; le Comte m'aime j'ai dit qu'il ne me déplaisoit pas, mais où ai-je donc été chercher tout cela?

M

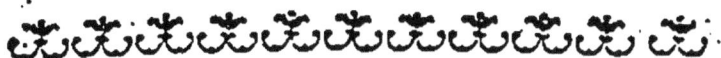

SCENE XII.

LA MARQUISE, LISETTE.

LISETTE.

Madame, je vous avertis qu'on vient de renvoyer Madame la Comtesse, mais elle a dit qu'elle repasseroit sur le soir; voulez vous y être?

LA MARQUISE.

Non, jamais, Lisette; je ne sçaurois.

LISETTE:

Etes-vous indisposée? Madame, vous avez l'air bien abatuë, qu'avez vous donc?

LA MARQUISE.

Helas! Lisette, on me persécute; on veut que je me marie.

LISETTE.

Vous marier! à qui donc?

LA MARQUISE.

Au plus haïſſable de tous les hommes, à un homme que le hazard a
deſtiné pour me faire du mal, & pour
m'arracher malgré moi des diſcours
que j'ai tenus, ſans ſçavoir ce que je
diſois.

LISETTE.

Mais il n'eſt venu que le Comte.

LA MARQUISE.

Hé ! c'eſt lui-même.

LISETTE.

Et vous l'épouſez ?

LA MARQUISE.

Je n'en ſçai rien ; je te dis qu'il le
prétend.

LISETTE.

Il le prétend ? mais qu'eſt-ce que
c'eſt donc que cette avanture là ? elle
ne reſſemble à rien.

LA MARQUISE.

Je ne ſçaurois te la mieux dire; c'eſt
le Chevalier, c'eſt ce Miſantrope là qui
L ij

est cause de cela : il m'a fâché ; le
Comte en a profité, je ne sçai comment ; ils veulent souper ce soir ici ;
ils ont parlé de Notaire, d'articles ; je
les laissois dire ; le Chevalier est sorti ,
il se marie aussi ; le Comte lui donne
sa sœur ; car il ne lui manquoit qu'une
sœur pour achever de me déplaire ,
à cet homme là.....

LISETTE.

Quand le Chevalier l'épouseroit,
que vous importe ?

LA MARQUISE.

Veux-tu que je sois la belle sœur,
d'un homme qui m'est devenu insu-
portable.

LISETTE.

Hé ! mort de ma vie, ne la soyez
pas, renvoyez le Comte.

LA MARQUISE.

Hé ! sur quel prétexte ? car enfin
quoiqu'il me fâche, je n'ai pourtant
rien à lui reprocher.

LISETTE.

Oh ! je m'y perds, Madame ; je
n'y comprend plus rien.

LA MARQUISE.

Ni moi non plus : je ne fçai plus où j'en fuis, je ne fçaurois me démêler, je me meurs ! qu'eft-ce que c'eft donc que cet état là ?

LISETTE.

Mais, c'eft je croi, ce maudit Chevalier qui eft caufe de tout cela ; & pour moi je crois que cet homme là vous aime.

LA MARQUISE.

Eh ! non Lifette, on voit bien que tu te trompes.

LISETTE.

Voulez-vous m'en croire, Madame, ne le revoyez plus.

LA MARQUISE.

Eh ! laiffe moi, Lifette, tu me perfécute auffi ! ne me laiffera t'on jamais en repos ? en verité la fituation où je me trouve eft bien trifte !

LISETTE.

Votre fituation ; je la regarde comme une Enigme.

SCENE XIII.

LA MARQUISE, LISETTE, LUBIN.

LUBIN.

Madame , Monsieur le Chevalier, qui est dans un état à faire
compaſſion. . . . .

LA MARQUISE.

Que veut-il dire ? demande lui ce
qu'il a , Liſette.

LUBIN.

Hélas! je croi que ſon bon ſens
s'en va: tantôt il marche , tantôt il
s'arrête; il regarde le Ciel, comme
s'il ne l'avoit jamais vû : il dit un mot,
il en bredoüille un autre , & il m'en-
voye ſçavoir ſi vous voulez bien qu'il
vous voye.

LA MARQUISE à *Liſette.*

Ne me conſeille tu pas de le voir?
oüi, n'eſt-ce pas?

LISETTE.

Oüi, Madame, du ton dont vous me le demandez, je vous le conseille.

LUBIN.

Il avoit d'abord fait un billet pour vous qu'il m'a donné.

LA MARQUISE.

Voyons donc.

LUBIN.

Tout à l'heure, Madame ; quand j'ai eu ce billet, il a couru après moi, rends moi le papier, je l'ai rendu ; tiens, va le porter, je l'ai donc repris : rapporte le papier, je l'ai rapporté ensuite ; il a laissé tomber le billet en se promenant, & je l'ai ramassé sans qu'il l'ait vû, afin de vous l'apporter comme à sa bonne amie, pour voir ce qu'il a, & s'il y a quelque remede à sa peine.

LA MARQUISE.

Montre donc.

LUBIN.

Le voici : & tenez, voilà l'écrivain qui arrive.

CSENE XIV.

LA MARQUISE, LE CHEVALIER, LISETTE.

LA MARQUISE *à Lisette*.

SOrs, il sera peut-être bien aise de n'avoir point de témoins, d'être seul.

SCENE XV.

LE CHEVALIER, LA MARQUISE.

LE CHEVALIER *prend de longs détours*

JE viens prendre congé de vous, & vous dire adieu, Madame.

LA MARQUISE.

Vous, Monsieur le Chevalier, & où allez vous donc ?

LE

LE CHEVALIER.

Où j'allois quand vous m'avez arrêté.

LA MARQUISE.

Mon deſſein n'étoit pas de vous arrêter pour ſi peu de tems.

LE CHEVALEIR.

Ni le mien de vous quitter ſitôt, aſſurément.

LA MARQUISE.

Pourquoi donc me quittez-vous ?

LE CHEVALIER.

Pourquoi je vous quitte? Eh! Marquiſe, que vous importe de me perdre, dès que vous épouſez le Comte !

LA MARQUISE.

Tenez, Chevalier, vous verrez qu'il y a encore du mal-entendu dans cette querelle-là : ne précipitez rien, je ne veux point que vous partiez, j'aime mieux avoir tort.

LE CHEVALIER.

Non, Marquiſe, c'en eſt fait; il ne

N

m'eſt plus poſſible de reſter , mon cœur ne ſeroit plus content du vôtre.

LA MARQUISE *avec douleur.*

Je crois que vous vous trompez.

LE CHEVALIER.

Si vous ſçaviez combien je vous dis vrai ! combien nos ſentimens ſont differens. . . .

LA MARQUISE.

Pourquoi differens ? il faudroit donner un peu plus d'étenduë à ce que vous dites-là , Chevalier ; je ne vous entends pas bien.

LE CHEVALIER.

Ce n'eſt qu'un ſeul mot qui m'arrête.

LA MARQUISE *avec un peu d'embarras.*

Je ne puis deviner , ſi vous ne me le dite.

LE CHEVALIER.

Tantôt je m'étois expliqué dans un Billet que je vous avois écrit.

LA MARQUISE.

A propos de Billet; vous me faites reſſouvenir que l'on m'en a apporté un quand vous êtes venu.

LE CHEVALIER *intrigué*

Et de qui eſt-il, Madame?

LA MARQUISE.

Je vous le dirai.

Elle lit.

Je devois, Madame, regreter Angelique toute ma vie; cependant, le croiriez-vous, je pars auſſi, pénétré d'amour pour vous, que je le fus jamais pour elle.

LE CHEVALIER.

Ce que vous liſez-là, Madame, me regarde-t-il?

LA MARQUISE.

Tenez, Chevalier, n'eſt-ce pas-là le mot qui vous arrête.

LE CHEVALIER.

C'eſt mon Billet! ah! Marquiſe, que voulez-vous que je devienne?

LA MARQUISE à

Je rougis, Chevalier, c'est vous
répondre.

LE CHVALIER *lui baisant la main.*

Mon amour pour vous durera
autant que ma vie.

LA MARQUISE

Je ne vous le pardonne qu'à cette
condition-là.

***

SCENE XVI.

LA MARQUISE, LE CHEVALIER, LE COMTE.

LE COMTE.

QUE vois-je? Monsieur le Chevalier, voilà de grands tranf-
ports!

LE CHEVALIER.

Il est vrai, Monsieur le Comte,
quand vous me disiez que j'aimois
Madame, vous connoissiez mieux

mon cœur que moi ; mais j'étois dans la bonne foi , & je suis sûr de vous paroître excusable.

LE COMTE.

Et vous, Madame ?

LA MARQUISE.

Je ne croyois pas l'amitié si dangereuse.

LE COMTE.

Ah , Ciel !

SCENE DERNIERE.

LA MARQUISE, LE CHEVALIER , LISETTE, LUBIN.

LISETTE.

Madame , il y a là-bas un Notaire que le Comte a amené.

LE CHEVALIER.

Le retiendrons-nous, Madame ?

LA MARQUISE.

Faites, je ne me mêle plus de rien?

LISETTE *au Chevalier*

Ah ! je commence à comprendre :
le Comte s'enva , le Notaire reste, &
vous vous mariez.

LUBIN.

Et nous aussi, & il faudra que votre
Contrat fasse la fondation du nôtre :
n'est-ce pas Lisette? allons , de la joie!

F I N.

www.ingramcontent.com/pod-product-compliance
Lightning Source LLC
Chambersburg PA
CBHW050016100426
42739CB00011B/2664